Antoine de Saint-Exupéry
Briefe an die Mutter

ANTOINE DE SAINT-EXUPÉRY

Briefe an die Mutter

Ins Deutsche übertragen von
Oswalt von Nostitz,
durchgesehen und um bisher nicht übersetzte
25 Briefe ergänzt von Annette Lallemand

Karl **Rauch**

Titel der französischen Originalausgabe:
Lettres à sa mère
© 1984 Éditions Gallimard Paris
Deutsche Übersetzung der ersten Ausgabe 1959 von
Oswalt von Nostitz, durchgesehen und ergänzt auf der Basis der
französischen Ausgabe von 1984 von Annette Lallemand

Bibliografische Information der Deutschen Nationalbibliothek
Die Deutsche Nationalbibliothek verzeichnet diese Publikation
in der Deutschen Nationalbibliografie;
detaillierte bibliografische Daten sind im Internet
über http://dnb.d-nb.de abrufbar.

Neue Ausgabe
© 2012 Karl-Rauch-Verlag GmbH & Co. KG, Düsseldorf
Printed in Germany
ISBN 978-3-7920-0069-4

INHALT

Einführung von Marie de Saint-Exupéry	11
Briefe	33
Editorische Notiz	34
1. Ich habe mir einen Füllfederhalter gemacht......	35
2. Ich möchte Dich gern wiedersehn	35
3. François hat eben deinen Brief erhalten..........	37
4. Es ist herrliches Wetter	39
5. Ich habe nur eben Zeit, Dir ein Wort zu sagen ...	40
6. Ich bin noch immer begeistert...................	42
7. Endlich finde ich ein bisschen Zeit	42
8. Dank für Deinen Brief........................	46
9. Du hattest mir versprochen, täglich zu schreiben!...........................	49
10. Ich weihe mein Briefpapier für Dich ein	50
11. Eben kam es in unserer Klasse	51
12. Ich habe gefrühstückt bei der Duchesse	53
13. Die Rangfolge in Mathematik...................	55
14. Hier bin ich nun wieder in Saint-Louis	58
15. Ich bin nicht tot	60
16. Wir verbringen also die Ferien in Saint-Maurice .	63
17. Ich habe gestern einen Brief von Dir erhalten....	65
18. Ich hätte so gern einen Brief von Dir	67
19. Etwas sehr Trauriges ist passiert	68
20. Der große Tag ist da..........................	74
21. Hast Du meine Papiere?	76
22. Ich bin zurück in Paris........................	79
23. Seit zwei Wochen habe ich von niemandem Post .	82
24. Ich bin bei Madame Jordan	86
25. Meine liebe Monot	90

26. Hab Dank für Deinen Brief 93
27. Ich habe Deinen postlagernden Brief erhalten ... 101
28. Stell Dir vor, ich bin jetzt ... Lehrer 103
29. Ich danke Dir sehr für Deinen Brief 105
30. Nichts Neues 108
31. Ich habe Hauptmann de Billy gesprochen 110
32. Gestern erhielt ich Dein Telegramm 113
33. Gestern hatte ich Wache im Quartier 115
34. Aber ich hab Dir doch einen Brief geschrieben .. 117
35. Vielen Dank für Deinen Brief 119
36. Wenn Du Montag kommen könntest 122
37. Das Ministerium teilt mit 125
38. Ich bekam von Dir zur gleichen Zeit 127
39. Ich habe alle möglichen Schätze 130
40. Ich erhalte von Dir ein Paket mit Socken 132
41. Seit fernen Zeiten höre ich nichts von Dir 136
42. Wie kannst Du mich so lange 138
43. Aus einem entzückenden maurischen Salon 141
44. Wie geht es Dir in Deinem fernen Divonne? 143
45. Du bist eine hinreißende Maman 145
46. Tanger ist gestern in der Ferne verschwunden ... 148
47. Eben las ich wieder Deinen so liebevollen Brief .. 150
48. Hast Du endlich meinen Brief 153
49. Du hattest also meinen Brief nicht erhalten 155
50. Wie geht es Dir? Ich habe Dir in
    den letzten Tagen 157
51. Ich muss so viel arbeiten 158
52. Tausend Dank für Deine Postanweisung 160
53. Es kann sein 162
54. Ich hoffte sehr 164

55.	Ich friste ein trauriges Dasein....................	166
56.	So bin ich nun sehr zufrieden	168
57.	Dank von ganzem Herzen, Du bist ein Schatz ...	170
58.	Yvonne hat mich im Auto mitgenommen	172
59.	Ich bin schrecklich beunruhigt...................	175
60.	Ich erhielt Deinen etwas beruhigenden Brief.....	175
61.	Ich wünsche Dir ein Jahr mit etwas Glück	177
62.	Dank für das Foto	178
63.	Nun bin ich hier in der Stadt Montluçon	180
64.	Nun bin ich wieder in Paris	183
65.	Ich habe erfrorene Finger vom Chauffieren......	185
66.	Ich entschwinde in diesen Tagen nach Marokko .	187
67.	Ich bat Dich um Geld...........................	189
68.	Ich starte im Morgengrauen nach Dakar.........	190
69.	Hier bin ich also in Dakar......................	191
70.	Ich starte mit dem Kurierflugzeug...............	191
71.	Ich sende Euch einen Kollektivbrief	193
72.	Ich vermute Dich in Saint-Maurice...............	194
73.	Ich erhielt ein paar Zeilen von Dir	195
74.	Dieses wöchentliche Briefchen	196
75.	Ich hoffe, dass Du jetzt im Süden bist	197
76.	Ich schreibe Dir aus Port-Étienne	198
77.	Ich habe im Meer gebadet	199
78.	Stell Dir vor...................................	205
79.	Was für ein Mönchsleben führe ich doch!	206
80.	Das Leben ist nicht sehr kompliziert	209
81.	Deine Karte war rührend	211
82.	Es geht mir recht gut	213
83.	Vor dem 1. September könnte ich nicht	214
84.	Hier ist alles in großer Aufregung...............	216

85.	Auf der Suche nach zwei Kuriermashinen	216
86.	Wir haben recht Großartiges erlebt	218
87.	Es ist abgemacht	219
88.	Es geht mir nicht schlecht	220
89.	Mein Nachfolger musste notlanden	220
90.	Ich freue mich riesig über Deinen Entschluss	221
91.	Ein Wort in Eile	222
92.	Dein Telegramm hat mich gerührt	222
93.	Du bist zu bescheiden	224
94.	Ich bin auf dem Schiff	224
95.	Recht friedliche Reise	225
96.	Ich habe nun endlich erfahren	227
97.	Das Leben vergeht schlicht und ruhig	228
98.	Du wirst nächste Woche	229
99.	Ich lese gerade	231
100.	Ich beginne, einen großen Film auszuarbeiten	234
101.	Es betrübt mich sehr	235
102.	Ich danke Dir, dass Du meine geliebte Frau	237
103.	Ich habe geweint	238
104.	Ich wohne in einem recht behaglichen Bauernhof	239
105.	Ich habe Dir zwar geschrieben	240
106.	Ich schreibe auf dem Schoß	241
107.	Wir starten nach Algier	242
108.	Liebe Simone	243
109.	Ich erfahre in diesem Augenblick	243
110.	Ihr alle, die ich so liebe	244
111.	Ich möchte so gern	244

Anmerkung: Den Briefen Antoine de Saint-Exupérys an seine Mutter wurden – in der entsprechenden zeitlichen Reihenfolge – einige Briefe hinzugefügt, die er seinen Schwestern und seinem Schwager geschrieben hat.

Es geht nicht um mich. Ich bin nur der Überbringer.
Es geht nicht um uns: wir sind nur Weg. Gott nutzt ihn
eine Generation entlang, dann ist er nutzlos.
Die Stadt in der Wüste

Diese Einführung gibt den Text eines Vortrags wieder, den Marie de Saint-Exupéry, die Mutter von Antoine, in den Jahren 1950 und 1953 in Marseille, Cabris, Lyon, Divonne, Nyons, Reims und im Sanatorium in Vence gehalten hat.

Einführung
von Marie de Saint-Exupéry

Man hat über Antoine de Saint-Exupéry geschrieben: „Wir wissen, dass er Frieden nie gekannt hat. Es ging ihm stets darum, Wesentliches zu verschenken, weniger an die Sesshaften, die Satten, als an die Ungeduldigen, die innerlich Brennenden, egal welches Feuer in ihnen brannte."[1]

An sie wendet sich die Botschaft Antoines, da er die gleichen Freuden, die gleichen Schwierigkeiten, die gleichen Hoffnungen, vielleicht auch die gleiche Verzweiflung kannte wie sie.

Seine Briefe und seine Bücher zeugen von diesen Freuden und diesen Kämpfen:

Das waren die Freuden einer glücklichen Kindheit, die Freude an einem großartigen Beruf, an beständigen und fabelhaften Freundschaften mit anderen Pionieren der Luftfahrt: die Freundschaft eines Mermoz oder eines Guillaumet.

Aber auch der Daseinskampf in Paris, als Buchhalter in einer Ziegelei, und in Montluçon, wo er die Lastwagen-Firma Saurer vertrat.

Der Kampf gegen die Wüste und die Elemente, auf der Fluglinie Toulouse-Dakar; in der libyschen Wüste bei seinem Flug von Paris nach Saigon.

Aber auch der Kampf gegen die Einsamkeit in der Abgeschiedenheit am Cabo Juby.

---

[1] Ausspruch von Pierre Macaigne.

Der Kampf gegen Ungerechtigkeit in Marignane.
Der Kampf gegen das Verzagen, als er in Algier gelandet war, bereit, für sein Land in den Tod zu gehen, und erleben musste, wie ihm verwehrt wurde „teilzuhaben", wie er es ausdrückte.
Und schließlich der letzte Kampf in Borgo, der Kampf mit dem Tod.
Von diesem ständigen Kampf, der ihn von seiner umhegten Kindheit durch harte Prüfungen zu Gott hinführte, legen seine Briefe Zeugnis ab.

Jugendfreuden und Kindheitserinnerungen

In einsamer Nacht in der Wüste wenden sich seine Gedanken dem Haus in der Heimat zu:
„Es genügte, dass es dieses Haus gab, um meine Nacht mit seiner Gegenwart zu erfüllen. Ich war nicht mehr Strandgut auf fremder Küste, ich hatte ein Heim, ich war Kind im Vaterhaus, mich umwehte die Erinnerung an seinen Geruch, an die Kühle in seinen Räumen, an die Stimmen, die es belebt hatten. Selbst das Froschgequake in den Teichen glaubte ich zu hören… Nun war ich nicht mehr allein mit Sand und Sternen. Was ich um mich sah, sprach nur noch kühl zu mir. Sogar der Blick in die Unendlichkeit, den ich zu werfen vermeinte, kam gar nicht aus der augenblicklichen Umwelt… Ich merkte auch, woher er stammte: ich sah mein Heim wieder.

Ich weiß nicht, was in mir vorgeht, diese Schwere kettet mich an die Erde, während von so vielen Sternen eine magnetische Kraft ausgeht, eine andere Schwere führt mich auf mich selber zurück: ich spüre mein Gewicht, das mich zu so vielen Dingen zieht; meine Träume sind wirklicher als diese Dünen, als dieser Mond, als alles, was um mich ist… Oh, das Wunder eines Hauses besteht nicht darin, dass es uns schützt oder wärmt, und auch nicht im Besitz seiner Mauern: das Wunder ist, dass es, langsam, einen Vorrat an Beglückung in uns aufgespeichert hat; dass es tief im Herzen jenes dunkle Gebirge bildet, aus dem wie Wasserquellen die Träume entspringen."[2]

Das Haus, das für Antoine einen „Vorrat an Beglückung" bedeutete, war nicht in einem bestimmten Stil gebaut, aber es war einladend und geräumig.
Der Park mit seinen geheimnisvollen Fliederbüschen und seinen hohen Lindenbäumen war das Paradies der Kinder. Dort zähmte Biche ihre Vögel und Antoine seine Turteltauben.
Doch alle vereinten sich zum „Ritt des Ritters Aclin", und die Alleen erlebten auch den „Segelflug": er wurde ausgeführt mit einem Fahrrad, an dem ein hoher Mast mit einem Segel befestigt war. Nach wilder Fahrt erhob es sich in die Lüfte. Doch davon haben „die Erwachsenen" nie etwas erfahren…
An Regentagen blieb man im Hause.

---
[2] Aus *Wind, Sand und Sterne* (S. 95–97 in Auszügen).

Der Speicher mit seinen „Wundern" war die Quelle. Biche besaß dort ein chinesisches Zimmer, das man nur betreten durfte, wenn man sich die Schuhe auszog.
François lauschte der „Musik der Fliegen".
Und Maman erzählte Geschichten. Diese Geschichten wurden zu lebenden Bildern. Ein schrecklicher Ritter Blaubart sagte zu seiner Frau: „Hier, in dieser Truhe verschließe ich meine erloschenen Sonnenuntergänge."
Hat sie der Kleine Prinz dort wiedergefunden...?
Die Kinder hatten ein Zimmer im zweiten Stock. Die Fenster waren vergittert, um Dachexpeditionen zu verhindern.
Dieses Zimmer wurde durch einen Fayenceofen geheizt.

Antoine schreibt darüber:
„Der ›gütigste‹, der friedlichste, der freundlichste Gegenstand, den ich jemals gekannt habe, war der kleine Ofen im oberen Zimmer von Saint-Maurice.
Nie hat mich etwas so sehr über das Dasein beruhigt. Wenn ich nachts einmal aufwachte, brummte er wie ein Kreisel und warf freundliche Schatten an die Wand. Ich weiß nicht, weshalb er mich an einen treuen Pudel erinnerte. Dieser kleine Ofen behütete uns vor allen Gefahren. Zuweilen kamst Du herauf, öffnetest die Tür und fandest uns gut umhegt von einer wohligen Wärme. Du hörtest sein emsiges Brummen und gingst dann wieder hinunter...
Mutter, Du neigtest Dich über uns, über diesen Aufbruch der Engel, und damit die Reise friedlich sein

sollte: damit nichts unsere Träume störte, entferntest Du dort eine Falte, dort einen Schatten, dort eine Woge aus dem Bettlaken. Denn man glättet ein Bett wie, mit göttlicher Hand, das Meer."

Allzu schnell kommt die Zeit, in der die Mütter nicht mehr die Falten entfernen und nicht mehr die Wogen glätten.
Noch münden die Jahre im Internat und im Gymnasium in den Zauber der Ferien ein. Der Militärdienst stellt für Antoine eine härtere Verbannung dar.
Zwischen diesem Militärdienst und seinem Eintritt in die Aéropostale ist er zuerst Gefangener eines Büros und dann Vertreter für Lastwagen bei der Firma Saurer, wo er zunächst eine Ausbildung als Fabrikarbeiter absolviert.

Daseinskampf
(Paris 1924–1925)

Er schreibt seiner Mutter:
„Ich friste ein trauriges Dasein in einem düsteren, kleinen Hotel. Das ist nicht sehr amüsant … Das Zimmer ist so trostlos, dass ich nicht den Mut aufbringe, meine Kragen von meinen Schuhen zu trennen."

Und später:
„Ich bin etwas abgespannt, aber ich arbeite wie ein Gott. Meine Vorstellungen über Lastwagen im Allgemeinen,

die verschwommen waren, präzisieren und klären sich. Ich denke, ich bin bald in der Lage, Lastwagen ganz allein auseinanderzunehmen."

Vor allem präzisiert und klärt sich bei Antoine die Freude am Beruf, das Pflichtbewusstsein gegenüber dem Beruf: Er stellt hohe Anforderungen an sich selbst:
„Jeden Abend ziehe ich die Bilanz meines Tages: hat er mir persönlich nichts gebracht, werde ich böse gegen die, die ihn mir verdorben haben und in die ich Vertrauen gesetzt hatte … Das innere Leben ist schwer in Worte zu fassen, es besteht da eine gewisse Scham. Es ist so anmaßend, davon zu reden. Du kannst Dir nicht vorstellen, wie sehr das das Einzige ist, das für mich zählt; alle Werte werden dadurch verändert, sogar in meinem Urteil über andere … Ich bin eher hart gegen mich selbst und habe doch wohl das Recht, bei den anderen abzulehnen, was ich bei mir selbst ablehne oder korrigiere."

KAMPF MIT DER WÜSTE
(Toulouse–Dakar, 1926)

Und nun tritt er in den Dienst einer Fluggesellschaft und wird dadurch zum Menschenführer, zum Dichter. Im Oktober 1926 wird er bei Latécoère eingestellt und der Linie Toulouse–Dakar zugeteilt. Er schreibt seiner Mutter: „Sage Dir, dass ich ein wundervolles Leben habe."
Und in „Wind, Sand und Sterne" heißt es:

„Mir geht es nicht um die Sache der Fliegerei. Für mich ist das Flugzeug kein Zweck, es ist ein Mittel. Mein Leben setze ich nicht für die Fliegerei aufs Spiel, so wenig wie der Bauer für den Pflug arbeitet. Aber mit dem Flugzeug verlässt man die Städte und ihre seelenlose Rechnerei und findet auf anderem Weg die bäuerliche Wahrheit wieder. Man lebt mit Winden, Sternen, Nacht und Sand, arbeitet als Mensch und sorgt sich als Mensch. Man misst sich mit den Kräften der Natur und wartet auf den neuen Tag wie der Gärtner aufs Frühjahr. Man ersehnt den Flughafen wie ein gelobtes Land und sucht seine Wahrheit in den Sternen.
Ich bin glücklich in meinem Beruf; ich fühle mich als Landmann der Sterne. Doch ich habe ihn geatmet, den Wind vom Meer. Wer einmal von dieser Speise gekostet hat, kann sie nicht vergessen. Es geht nicht darum, gefährlich zu leben; diese Formulierung ist anmaßend: ich liebe nicht die Gefahr, ich liebe das Leben. Ich muss leben; in den Städten gibt es kein menschliches Leben mehr."

Kampf gegen die Einsamkeit
(Cabo Juby, 1927–1928)

Im Jahr 1927 wird Antoine zum Flugplatzkommandanten in Cabo Juby ernannt:
„Liebste Maman, was für ein Mönchsleben führe ich doch! Im verlorensten Winkel von ganz Afrika, mitten in der spanischen Sahara. Ein Fort am Strand, unsere

Baracke daneben, und dann nichts mehr über Hunderte und Hunderte von Kilometern! [...]
Sobald die Flut kommt, umspült uns das Meer ganz und gar, und wenn ich mich nachts an mein Guckloch stelle und wie im Gefängnis durch Gitterstäbe schaue – wir befinden uns ja im Aufstandsgebiet –, habe ich das Meer direkt unter mir, wie in einem Boot. Und dann pocht es die ganze Nacht gegen meine Wand.
Die andere Fassade blickt auf die Wüste.
Spartanischer geht es kaum mehr: ein Bett, das aus einem Brett und einem dünnen Strohsack besteht, ein Waschbecken, ein Wasserkrug. Ach ja, auch noch die Nippsachen: die Schreibmaschine und die Flugplatzakten. Eine Mönchszelle.
Alle acht Tage kommt eine Maschine hier vorbei. Dann herrscht drei Tage Stille. Und wenn meine Flugzeuge starten, benehme ich mich wie eine Glucke mit ihren Küken. Und bin in Sorge, bis ich über Funk die Meldung erhalte, dass sie die nächste Etappe erreicht haben – in tausend Kilometer Entfernung. Und bin startbereit, mich auf die Suche nach den Vermissten zu machen."

Buenos Aires (1929–1931)

Nun beginnt das große Abenteuer. Es führt Antoine über die Anden hinweg, bis nach Patagonien. Er wird zum Direktor der „Aeroposta Argentina" ernannt.
Er schreibt:

„Ich denke, Du wirst zufrieden sein; ich bin etwas traurig. Mein früheres Dasein gefiel mir gut.
Ich habe das Gefühl, dass ich dadurch altere. Ich werde allerdings noch fliegen, aber nur für Inspektionen und zur Erkundung neuer Flugrouten."

Aus seinen Fliegererlebnissen in Afrika wie in Südamerika entstehen die Bücher: „Südkurier", „Nachtflug", „Wind, Sand und Sterne".
Antoine heiratet. In Buenos Aires lernte er Consuelo Suncin kennen, die Witwe des argentinischen Schriftstellers Gomez Carillo: ein exotisches und charmantes Geschöpf, dessen üppige Phantasie und Weigerung, jede Art von Verzicht anzuerkennen – sogar wenn die geistige Arbeit das erfordert –, das gemeinsame Leben schwierig gestalten. Jedoch Antoine hat sie geliebt, und seine Fürsorge umhegte sie bis zum Schluss. „Der Kleine Prinz" und die Briefe aus Afrika bezeugen das auf rührende Weise.
Auch die Auflösung der Aéropostale im März 1931 legte ihm Hindernisse in den Weg.

Kampf gegen Ungerechtigkeit
(Marignane 1932)

Weil Antoine seine Freunde aus der Aéropostale nicht im Stich lässt, wird er von „Air France", die das in Liquidation befindliche Unternehmen übernommen hat, ungnädig behandelt.

Abermals ohne Stellung, von materiellen Schwierigkeiten in die Enge getrieben, sieht er sich genötigt, wieder als einfacher Pilot Dienst zu tun.

Der Mann, dem die Mauren den Beinamen „Herr der Wüste" verliehen hatten und der weitgehend unbekanntes Terrain erschloss, wird nun auf der von Wasserflugzeugen beflogenen Strecke Marseille–Algier mit Basis in Marignane eingesetzt.

Der Kampf mit den Elementen ist hart, Antoine übersteht mit knapper Not die Stürme, aber dieser Kampf hat für ihn etwas Erhebendes.

Die schlimmste Pein ist aber die Verständnislosigkeit, der er bei manchen seiner Freunde begegnet: durch seine Bücher hat er ihnen ein unvergängliches Denkmal gesetzt, und unter Berufung auf diese Bücher stempeln sie ihn ab zum Dilettanten, wenn nicht gar zum Verdächtigen.

Aus seinem Brief an Guillaumet spricht die Bitterkeit, die er darüber empfindet:

„Guillaumet, Deine Ankunft scheint bevorzustehen, und deshalb habe ich etwas Herzklopfen. Wenn Du wüsstest, welch schreckliches Leben ich seit Deiner Abreise führte und welch unendlicher Lebensüberdruss mir nach und nach beigebracht wurde! Da ich dieses unselige Buch geschrieben hatte, wurden Elend und Feindseligkeit, die mir von meinen Kameraden entgegenschlug, mein Los.

Mermoz wird Dir erzählen, in was für einen Ruf ich allmählich durch die Menschen geraten bin, die mich

nicht mehr gesehen haben und die ich so gern hatte. Man wird Dir sagen, wie arrogant ich sei. Und es gibt keinen, von Toulouse bis Dakar, der daran zweifelt. Eine meiner größten Sorgen sei auch das Schuldenmachen gewesen, aber ich habe nicht einmal meine Gasrechnung immer bezahlen können und trage noch immer meine alten Anzüge, die ich vor drei Jahren anschaffte. Allerdings erscheinst Du vielleicht in dem Augenblick, in dem der Wind sich dreht. Und ich werde vielleicht meine Gewissensbisse loswerden. Meine wiederholten Enttäuschungen, dieses ungerechte Gerede hielten mich vom Schreiben ab. Vielleicht warst auch Du der Meinung, ich hätte mich verändert. Und ich konnte mich nicht entschließen, mich vor dem einzigen Menschen zu rechtfertigen, den ich als einen Bruder betrachtete ...
Abgesehen von Étienne, den ich freilich seit Südamerika nie wiedersah und der, obwohl er mich nicht wiedergesehen hatte, hier Freunden von mir erzählte, ich sei ein Poseur geworden.
Dann ist einem das ganze Leben verleidet, wenn sich die besten Kameraden solch ein Bild von einem machen und wenn es zu einem Skandal geworden ist, dass ich Verkehrsflieger bin, nachdem ich das Verbrechen beging, den „Nachtflug" zu schreiben. Du weißt doch, ich war der Letzte, der gern von sich reden machte. Geh nicht ins Hotel. Mach's Dir in meiner Wohnung bequem, sie steht zu Deiner Verfügung. Ich habe auf dem Lande zu tun, in vier oder fünf Tagen. Du bist dort wie zu Hause und hast auch Telefon, was sehr bequem ist. Aber vielleicht wirst Du ablehnen. Und vielleicht muss ich mir

eingestehen, dass ich sogar den besten meiner Freunde verloren habe."

Kampf gegen den Durst
(Libysche Wüste, 1935–1936)

Als Antoine einen Flug von Paris nach Saigon unternimmt, blickt er dem Tod ins Auge; sein Flugzeug stürzt in der Libyschen Wüste ab. Lange Tage hören wir nichts von ihm. In der Früh sammelt er den Tau auf den öligen Tragflächen seines Flugzeuges, um dem Durst ein Schnippchen zu schlagen. Er liegt in den letzten Zügen. Und doch schreibt er noch dies:
„Glauben Sie doch nicht, dass ich meinetwegen heule! … Jedes Mal, wenn ich die wartenden Augen sah, brannte es mir im Herzen, packte mich der rasende Wunsch, aufzustehen und geradewegs loszustürzen. Dort drüben schreien sie ja um Hilfe, dort drüben leiden sie Schiffbruch! Ich kann mich gut damit abfinden, einzuschlafen, für eine Nacht wie für Jahrhunderte. Wer einschläft, merkt den Unterschied gar nicht. Auf alle Fälle ist es nachher so still und friedlich. Aber die Schreie von dort drüben, diese entsetzlichen Ausbrüche der Verzweiflung, die kann ich nicht ertragen. Vor solchem Unglück kann ich nicht mit verschränkten Armen stehen. Jede Sekunde, die ich ruhig verharre, ist Mord an denen, die mir die Liebsten sind.
Lebt wohl, ihr, die ich lieb hatte. Mir tut es leid, dass ihr traurig seid. Für mich bereue ich nichts. Genau genom-

men habe ich es besser gehabt. Wenn ich diesmal davonkäme, ich finge mein Fliegerleben nochmals an. Ich muss leben, und in den Städten gibt es kein menschenwürdiges Dasein."[3]

Nach einem dreitägigen Marsch durch die Wüste wird Antoine von Arabern gefunden, während man angenommen hatte, er sei im Persischen Golf abgestürzt. Abgezehrt, zerlumpt, stolz auf seinen Todesmarsch, der hinter ihm liegt, erscheint er eines Abends im Grand Hotel in Kairo; von den englischen Kameraden der Royal Air Force wird er dort mit offenen Armen empfangen. Als er wieder ein zivilisiertes Aussehen gewonnen hat, schreibt er der Mutter:
„Ich habe geweint, als ich Deine Zeilen las, die für mich von besonderer Bedeutung waren, denn in der Wüste hatte ich nach Dir gerufen. Ich war in großem Zorn entbrannt wegen der Trennung von allen Menschen, wegen der Stille, und da rief ich nach meiner Maman. Es ist schrecklich, wenn man jemanden zurücklässt, der einen braucht wie Consuelo. Man sehnt sich gewaltig danach heimzukommen, um zu behüten und Schutz zu gewähren, und man reißt sich die Nägel aus an diesem Sand, der einen hindert, seine Pflicht zu tun, und man möchte Berge versetzen. Dich aber brauchte ich; es war an Dir, mich zu behüten und mir Schutz zu gewähren, und ich rief nach Dir egoistisch fordernd wie ein Zicklein.
Ein wenig Consuelo zuliebe bin ich heimgekommen,

---

[3] In *Wind, Sand und Sterne* (S. 177 und 199 auszugsweise).

aber durch Dich, Maman, kommt man heim. Du, die Du so schwach bist, wusstest Du, dass Du ein so starker und weiser Schutzengel bist und so voller Gnaden, dass man zu Dir betet, allein, bei Nacht?"

KAMPF MIT DEN MENSCHEN
(Krieg, 1939)

Es ist Krieg. Trotz aller Argumente Wohlmeinender, die ihn in Sicherheit bringen möchten, schreibt Antoine an einen einflussreichen Freund:

„Man will mich zu einem Ausbilder machen, nicht nur für Navigation, sondern auch für das Fliegen großer Bomber. Daran ersticke ich, bin unglücklich und kann nur stumm bleiben. Rette mich. Lass mich mit einer Jagdstaffel einrücken. Du weißt doch, dass ich nicht kriegslüstern bin, aber es ist mir unmöglich, mich zurückzuhalten und nicht mein Teil Gefahren zu übernehmen …
Es ist eine ganz ekelhafte intellektuelle Anmaßung, wenn man vorgibt, man wolle diejenigen in Sicherheit bringen, die ›einen Wert haben‹. Man kann nur etwas bewirken, wenn man teilnimmt. Wenn ›die, die einen Wert haben‹, das Salz der Erde sind, so müssen sie sich mit der Erde vermischen. Man kann nicht ›wir‹ sagen, wenn man sich absondert. Oder man ist ein Lump, wenn man ›wir‹ sagt!
Alles, was ich lieb habe, ist bedroht. Wenn in der Pro-

vence ein Wald brennt, so nimmt jeder, der kein Lump ist, Hacke und Schaufel zur Hand. Ich will aus Liebe und innerer Verpflichtung in den Krieg ziehen. Ich kann nicht abseitsstehen. Lass mich so schnell wie möglich mit einer Jagdstaffel einrücken."

Er wird der Staffel 2/33 zugeteilt: 17 Besatzungen von 22 werden Opfer des „Drôle de guerre".
Von einem Bauernhof in Orconte schreibt er der Mutter:
„Ich schreibe auf dem Schoß, in Erwartung eines angekündigten Bombenangriffs, der nicht kommt. Ich denke an Dich.
Vermutlich, nein, ganz gewiss ist mir nichts teurer auf der Welt als Didi, ihre Kinder und Du. Und zittern tue ich vermutlich immer nur um Dich.
Diese ewige italienische Drohung schmerzt mich, weil sie Dich in Gefahr bringt. Ich habe solchen Kummer. Ich habe Deine Zärtlichkeit unendlich nötig, liebste, geliebte Maman. Weshalb muss denn alles, was ich auf dieser Erde liebe, bedroht sein?
Mehr als der Krieg erschreckt mich die Welt von morgen. All diese zerstörten Dörfer, diese auseinandergerissenen Familien. Der Tod, das ist mir gleich, aber ich möchte nicht, dass eine geistige Gemeinschaft angetastet wird. Ich möchte uns alle wieder vereint um einen weiß gedeckten Tisch sehen.
Ich erzähle Dir nicht viel von meinem Leben, es gibt nicht viel zu berichten: gefährlicher Auftrag, Essen, Schlaf. Ich bin schrecklich ›unbefriedigt‹, man braucht

andere Übungen für das Herz. Ich bin schrecklich unfroh über das, was meine Epoche für vorrangig hält. Die bejahte und bestandene Gefahr genügt nicht, um in mir mein irgendwie belastetes Gewissen zu beruhigen.
Die Seele ist's, die heute erschreckend verödet ist. Man kommt um vor Durst."

Kampf mit den Menschen
(Teil 2, New York 1941)

Nach dem Waffenstillstand begibt er sich nach Amerika. Er ist unglücklich, aber steht auch in der Niederlage zu seinem Vaterland. Er schreibt[4]:
„Da ich ein Teil von ihnen bin, werde ich niemals die Meinen verleugnen, was sie auch tun mögen. Ich werde nie vor jemand anderem gegen sie aussagen. Wenn ich ihre Verteidigung übernehmen kann, werde ich sie verteidigen. Wenn sie mich mit Schande bedecken, werde ich diese Schande in meinem Herzen verschließen und schweigen. Was ich auch über sie denken mag, ich werde nie als Belastungszeuge dienen ...
So werde ich mich mit einer Niederlage völlig solidarisch erklären, die mich oft erniedrigen wird. Ich gehöre zu Frankreich. Frankreich formte Menschen wie Renoir, Pascal, Pasteur, Guillaumet, Hochedé. Es formte auch Unfähige, Politikaster wie Betrüger. Aber es scheint mir zu bequem, sich den einen zuzuzählen und jede Verwandtschaft mit den anderen zu leugnen ...

---

4 In *Flug nach Arras*.

Wenn ich es auf mich nehme, mich durch meine Familie erniedrigen zu lassen, kann ich auf meine Familie einwirken. Sie ist ein Teil von mir, wie ich ein Teil von ihr bin. Wenn ich aber die Erniedrigung ablehne, wird meine Familie zerfallen, wie es gerade kommt, und ich werde stolz, aber leer wie ein Toter, meinen einsamen Weg gehen."

Sein Buch „Flug nach Arras" (Pilote de Guerre) rehabilitiert Frankreich in den Augen der Amerikaner. Seine Artikel sind ihnen Ansporn, am Krieg teilzunehmen. Er schreibt:
„Für unsere Niederlage seid ihr verantwortlich. Wir waren vierzig Millionen Landleute gegen ein Industrievolk von achtzig Millionen. Ein Mann gegen zwei, eine Maschine gegen fünf. Selbst wenn ein Daladier die Franzosen zu Sklaven gemacht hätte, hätte er aus keinem Mann 100 Stunden Arbeit herauszupressen vermocht. Der Tag hat nur 24 Stunden. Wer auch immer Frankreich geführt hätte, in puncto Waffenproduktion wäre auch bei größter Eile das Ergebnis dasselbe gewesen: ein Mann gegen zwei, ein Maschinengewehr gegen fünf. Wir waren bereit, uns im Verhältnis eins zu zwei mit ihnen zu messen, wir waren bereit zu sterben. Aber um unseren Tod wirksam zu machen, hätten wir von euch die vier Kanonen, die vier Flugzeuge erhalten müssen, die uns fehlten. Ihr beansprucht, vor der Bedrohung durch die Nazis von uns gerettet zu werden, aber ihr bautet ausschließlich Packards und Kühlschränke für eure Weekends. Das ist die einzige Ursache unserer Niederlage. Doch diese Nie-

derlage wird gleichwohl die Welt gerettet haben. Unsere freiwillige Vernichtung wird der Ausgangspunkt für den Widerstand gegen den Nazismus gewesen sein. Der Baum des Widerstands wird eines Tages aus unserem Opfer wachsen wie aus einem Samenkorn."

Kampf gegen das Verzagen
(Algier, 1943)

Nach der Landung in Afrika, an der er mit amerikanischen Truppen teilnimmt, richtet Antoine einen Appell an seine Landsleute, der durch den Rundfunk verbreitet wird:
„Franzosen, versöhnen wir uns, um zu dienen, […] streiten wir uns nicht um Macht- oder Prioritätsfragen, es gibt genug Gewehre für jedermann! Unser wahrer Anführer ist das Frankreich, das heute zum Schweigen verdammt ist. Unser Hass gelte den Parteien, den Klüngeln, den Spaltungen aller Art!"

Der Polemik müde, verstärkt er seine Anstrengungen, um zu erreichen, dass er wieder in der Staffel 2/33 eingesetzt wird. Aber die Formalitäten sind langwierig, er ist traurig und einsam, wie ein Gebet aus der „Stadt in der Wüste" bezeugt:
„Gib mir den Frieden des Stalles, sprach ich zu Gott, den Frieden der geordneten Dinge, der eingebrachten Ernte.
Lass mich sein, da ich mein Werden vollendet habe. Ich

bin der Klagen meines Herzens müde. Ich bin zu alt, um all meine Zweige neu zu beginnen. Nacheinander habe ich meine Freunde und meine Feinde verloren, und traurige Mußestunden werfen ihr Licht auf meinen Weg.
Ich weilte in der Ferne, ich bin heimgekehrt, ich blicke um mich: da fand ich die Menschen wieder, wie sie sich um das Goldene Kalb scharten! Nicht selbstsüchtig, aber töricht. Und die Kinder, die heute geboren werden, sind mir fremder als junge Barbaren. Ich bin von nutzlosen Schätzen schwer, als erfüllte mich eine Musik, die niemals mehr verstanden werden wird. Ich habe mein Werk im Wald mit der Axt des Holzfällers begonnen und war trunken vom hohen Lied der Bäume. Jetzt aber, da ich die Menschen aus zu großer Nähe sah, bin ich müde.
Erscheine mir, Herr, denn alles ist schwer, wenn der Geschmack an Gott verloren geht!"
Und einem Freunde schreibt er:
„Ich versuche zu arbeiten, aber das Herz ist schwer zu befriedigen; in diesem schrecklichen Afrika verwest einem das Herz, Afrika ist ein Grab; es wäre so einfach, in einer Lightning Kriegseinsätze zu fliegen."

Der letzte Kampf
(Borgo, 1944)

Doch am 4. Juni 1943 klettert Antoine auf dem Flugfeld von La Marsa in Sardinien mit einem Siegeslächeln aus seiner Maschine. Er hat seinen Frieden wiedergefunden,

einen gewissen Seelenfrieden, obwohl ihm die Hellsichtigkeit, mit der er die anstehenden Probleme sieht, wenig Hoffnung für die Zukunft lässt. Er schreibt:
„Es ist mir völlig gleich, ob ich im Krieg falle. Was bleibt denn von dem, was ich liebe? Ich spreche nicht nur von den Menschen, sondern auch von den Bräuchen, von unersetzlichen Klängen, vom Leuchten eines gewissen spirituellen Lichts, vom Frühstück auf einem provenzalischen Bauernhof unter Olivenbäumen, aber auch von der Musik eines Händel."

Die Piloten der Staffel hausen zu dritt auf einer Stube; so sieht der äußere Rahmen seines Lebens aus. Von seinen schwermütigen Gedanken haben seine Kameraden nie etwas erfahren; er möchte sie in Frieden wissen.
Doch einem Freund schreibt er:
„Ich führe Krieg so gründlich wie möglich, ich bin der Älteste aller Piloten der Welt, ich zahle großherzig, ich empfinde mich nicht als geizig.
Hier ist man weit entfernt von jeglicher Atmosphäre, wo der Hass regiert, aber obwohl meine Staffel nett zu mir ist, bin ich doch ein wenig unglücklich.
Ich habe niemanden, mit dem ich reden kann; jemanden zu haben, neben dem man leben kann, das ist schon etwas, aber welch geistige Einsamkeit!"[5]
Am 31. Juli 1944 erscheint er in Fliegerausrüstung in der Offiziersmesse:

---

[5] Dieses Zitat wie die beiden vorhergehenden sind Briefen an Pierre Dalloz entnommen.

„Warum wolltet ihr mich nicht wecken; heute bin ich dran!"
Er trinkt seinen heißen Kaffee und geht hinaus. Man hört das Dröhnen der Maschine, die sich in die Lüfte erhebt.
Er ist zu einem Aufklärungsflug über dem Mittelmeer und dem Vercors gestartet. Das Radar begleitet ihn bis zur französischen Küste, dann tritt Stille ein.
Die Stille dauert an und wird Erwartung.
Das Radar bemüht sich, einen Ton zu erhaschen, der ein Lebenszeichen wäre. Wenn das Flugzeug und seine Bordlichter zu den Sternen aufsteigen, hört man vielleicht die Sterne singen.
Die Sekunden verrinnen, sie rinnen wie Blut; dauert der Flug noch an?
Jede Sekunde lässt eine Chance schwinden, und nun verrinnt die Zeit und zerstört; als wären es zwanzig Jahrhunderte zerstört sie einen Tempel, baut sich ihren Weg durch den Granit und macht den Tempel zu Staub, jetzt ballen sich Jahrhunderte in Staubpartikeln und bedrohen das Flugzeug.
Jede Sekunde nimmt etwas fort: Antoines Stimme, Antoines Lachen, sein Lächeln … Stille macht sich breit, eine immer bedrückendere Stille, belastend wie das Gewicht eines Ozeans.[6]

Antoine war ein immer staunendes und glückliches Kind.

---
[6] Drehbuchfassung für *Nachtflug*.

Der Lebenskampf machte ihn zum verantwortungsbewussten Mann; und der Fliegerberuf zum Helden und zum Dichter.

Vielleicht hat das Exil aus ihm einen Heiligen gemacht. Doch mehr noch als durch sein Heldentum, sein Dichten, sein bezauberndes Wesen, seinen Heiligenschein bleibt uns Antoine so nah durch seine unendliche Zärtlichkeit.

„Der Stern, der uns leitet, kann nicht verlöschen. Man muss schenken, schenken, schenken."

Als kleines Kind machte er einen Umweg, um eine Schnecke nicht zu zertreten.

Er kletterte auf Tannenwipfel, um Turteltauben zu zähmen.

In der Wüste zähmt er Gazellen.

Er zähmt die Mauren.

Und noch jetzt, nach Jahren des Schweigens, zähmt er weiter die Menschen.

„Was bedeutet zähmen?", fragt der kleine Prinz. Und der Fuchs antwortet: „Es bedeutet, ›Bindungen schaffen‹."

Im letzten Brief, den wir von Antoine besitzen, steht der Satz: „Wenn ich zurückkehre, wird eines meine Sorge sein: Was gilt es den Menschen zu sagen?"

Dieser Satz hat mich bestimmt, seine Botschaft weiterzugeben.

MARIE DE SAINT-EXUPÉRY

BRIEFE

Man sehnt sich gewaltig danach heimzukommen, um zu behüten und Schutz zu gewähren, und man reißt sich die Nägel aus an diesem Sand, der einen hindert, seine Pflicht zu tun, und man möchte Berge versetzen. Dich aber brauchte ich; es war an Dir, mich zu behüten und mir Schutz zu gewähren, und ich rief nach Dir egoistisch fordernd wie ein Zicklein … durch Dich kommt man heim.

Aus dem Brief 103.

Editorische Notiz zu dieser Ausgabe

Diese Neuedition vervollständigt die beiden von Marie de Saint-Exupéry (1875–1972) zusammengestellten Ausgaben von 1955 und 1969.
So kamen etliche Briefe hinzu, die den Jugendlichen und Heranwachsenden kennzeichnen und in sein Denken Einblick gewähren, wenn es schwierig wurde im Leben.
Zwar gibt es von jedem Schriftsteller, von jeder bedeutenden Persönlichkeit, Briefwechsel mit Familienangehörigen, doch was Saint-Exupéry auszeichnet, ist eine nie nachlassende, von Liebe und Zärtlichkeit geprägte Bindung an die Seinen.
Das Haus der Kindheit mit seinem Park, mit zu früh verstorbenen geliebten Menschen, mit dieser außergewöhnlichen Mutter, die im Verlauf ihres Lebens so viel Leid zu ertragen und Schwierigkeiten zu bewältigen hatte und dennoch jeder Art von künstlerischer und geistiger Betätigung gegenüber aufgeschlossen war, dies alles trug zu dieser engen, liebevollen Bindung an die Mutter bei, der er 1930 schrieb: „Sei gewiss, dass von allen Zärtlichkeiten die Deine mir die kostbarste ist und dass man in schweren Minuten immer wieder in Deinen Armen Zuflucht sucht. Und dass man Dich oft braucht, wie ein kleines Kind. Und dass Du ein unversiegbarer Quell des Friedens bist und dass Dein Bild Zuversicht schenkt …"
Viele der Briefe konnten in der jetzigen Ausgabe durch die in ihnen enthaltenen Zeichnungen ergänzt werden.
Auch ein paar an Schwestern und Schwager adressierten Briefe wurden chronologisch eingefügt.
Wie schon in den vorangehenden Ausgaben wurden auch hier an einigen wenigen Stellen, wenn allzu Persönliches zur Sprache kam, Aussparungen vorgenommen und durch […] gekennzeichnet.
Ortsangaben und Datierungen, die nicht aus den Originalen stammen, sind in eckige Klammern gesetzt.
Die Wiedergabe der Briefe versucht so weit wie möglich, dem Gedanken- und Sprachrhythmus Antoine de Saint-Exupérys zu folgen, ohne in jedem Fall Rücksicht auf die üblichen Regeln zu nehmen.

1. [Le Mans, 11. Juni 1910]

Meine liebe Maman,

ich habe mir einen Füllfederhalter gemacht. Ich schreib Dir damit. Er schreibt sehr gut. Morgen ist mein Namenstag. Onkel Emmanuel[7] hat gesagt, er will mir eine Uhr zum Namenstag schenken. Also könntest Du ihm vielleicht schreiben, dass ich morgen Namenstag habe. Am Donnerstag ist eine Wallfahrt zu Notre Dame du Chêne. Ich nehme mit der Schule teil.[8] Es ist sehr schlechtes Wetter. Es regnet die ganze Zeit. Mit allen Geschenken, die ich bekam, hab ich mir einen sehr hübschen Altar gebaut.
Adieu,
geliebte Maman, ich möchte Dich so gern wiedersehn.
Antoine

<u>Morgen habe ich Namenstag</u>.

2. [Le Mans, 1910]

Meine liebe Maman,

ich möchte Dich gern wiedersehn.
Tante Anaïs[9] ist hier und bleibt einen Monat.
Heute war ich mit Pierrot bei einem Mitschüler von Sainte-Croix. Es gab Leckereien und wir hatten viel

---

7   Emmanuel de Fonscolombe, Bruder von Madame de Saint-Exupéry, Eigentümer des Schlosses La Môle.
8   Der zehnjährige Antoine war Halbinterner im Jesuitenkolleg Sainte-Croix in Le Mans. Seine Mutter hielt sich damals in Saint-Maurice-de-Rémens auf.
9   Anaïs de Saint-Exupéry, Tante Antoines väterlicherseits.

Spaß. Heute früh hab ich in der Schule die Kommunion empfangen. Ich will Dir erzählen, was wir auf der Wallfahrt gemacht haben: Viertel vor acht mussten wir an der Schule sein. Wir haben uns aufgestellt, um zum Bahnhof zu gehen. Im Bahnhof sind wir in den Zug nach Sablé gestiegen. In Sablé sind wir in Wagen gestiegen. Bis Notre Dame du Chêne saßen 52 Personen in jedem Wagen. Es waren nur Schüler, sie saßen obendrauf und drinnen; die Wagen waren sehr lang und wurden jeder von zwei Pferden gezogen. Unterwegs hatten wir viel Spaß. Es waren fünf Wagen, zwei Wagen für die Chorknaben und drei für die Schüler. Als wir in Notre Dame du Chêne ankamen, hörten wir die Messe, und hinterher gab es in Notre Dame du Chêne Frühstück. Da die kranken Schüler der unteren Klassen im Wagen nach Solesmes gebracht werden sollten und ich nicht im Wagen fahren wollte, bat ich um die Erlaubnis, mit den Primanern zu Fuß gehen zu dürfen. Wir waren mehr als 200 in Reih und Glied, unser Zug nahm eine ganze Straße ein. Nach dem Frühstück besuchten wir das Heilige Grab und gingen dann in den Klosterladen und kauften uns was. Danach machten die Primaner und ich uns zu Fuß auf den Weg nach Solesmes.

Als wir in Solesmes ankamen, marschierten wir weiter und gingen unterhalb der Abtei entlang; sie war riesig, nur konnten wir sie nicht besichtigen, da die Zeit nicht reichte. Unterhalb der Abtei fanden wir eine Menge Marmor. Es gab große und kleine Stücke. Ich nahm sechs und verschenkte drei, und es gab einen Brocken, der war etwa 1,50 m hoch und 2 m breit, da sagte man

mir, ich sollte ihn doch in die Tasche stecken. Nur konnte ich ihn nicht mal bewegen, und er war zu groß. Hinterher gab es auf der Wiese in Solesmes ein Vespermahl. Ich hab Dir acht Seiten geschrieben.
Nachher sind wir zur Andacht gegangen und haben uns aufgestellt, um zum Bahnhof zu gehen. Als wir am Bahnhof waren, nahmen wir den Zug, um nach Le Mans heimzufahren, und um 8 Uhr waren wir zu Hause. Ich war Fünfter in Religion.
Adieu, meine liebe Maman. Ich umarme Dich von ganzem Herzen.

Antoine[10]

3. [Fribourg, Villa Saint-Jean, 21. Februar 1916][11]

Geliebte Maman,

François hat eben Deinen Brief erhalten, in dem Du sagst, dass Du erst Anfang März kommst! Und wir freuten uns doch so, Dich Samstag zu sehen!
Warum kommst Du denn später? Es hätte uns solch ein Vergnügen gemacht!
Du wirst unseren Brief Donnerstag, vielleicht Freitag

---

10 Diese beiden Briefe des Zehnjährigen zeichnen sich durch ihre eigenwillige Interpunktion und Orthografie aus, die sich in der Übersetzung nicht wiedergeben lassen. So schreibt er beispielsweise: „esque vous pourrez" statt „est-ce que vous pourriez", „rand" statt „rang", „abei" statt „abbaye".

11 Antoine war damals mit seinem Bruder Interner in dem von Marianisten geleiteten „Collège Saint-Jean" in Fribourg in der Schweiz. Er blieb dort drei Jahre, von 1914 bis 1917. Madame de Saint-Exupéry war Krankenschwester im Bahnhofslazarett von Ambérieu.

erhalten; könntest Du uns nicht sofort telegrafieren, dass Du kommst, Du würdest dann Samstag früh mit dem Express abfahren und wärest am Abend in Fribourg, wir würden uns so darüber freuen!
Es wäre für uns solch eine Enttäuschung, wenn Du erst Anfang März kämest! Warum willst Du denn lieber später kommen?
Wir hoffen so sehr, dass Du kommen wirst! Und selbst, wenn Du nicht kommen solltest, was uns so leidtäte, könntest Du uns dann telegrafieren, sobald Du unseren Brief erhalten hast, damit wir spätestens Freitagabend Deine Antwort erhalten und über unseren Sonntag verfügen können? Aber Du wirst ja bestimmt kommen wollen!
Auf Wiedersehn, geliebte Maman, ich küsse Dich von ganzem Herzen und erwarte Dich ungeduldig.
               Dein ergebener Sohn,
                        Antoine

Telegrafiere uns schnell, sobald Du unseren Brief erhältst, sonst geht uns der Sonntag verloren, wir brauchen Deine Antwort spätestens Freitagabend.

4.

[Villa Saint-Jean, Fribourg,
Freitag, 18. Mai 1917]

Meine liebe Maman,

es ist herrliches Wetter. Nur gestern hat es geregnet, wie ich es selten erlebte! Ich sah Madame de Bonnevie[12], durch die ich erfuhr, was François – der Arme – hatte[13], und die mir auch sagte, dass mit dem Bakkalaureat alles klappt, was mich beruhigt hat. Doch es war unnötig, dass Du nach Paris geschrieben hast, um festzustellen, ob meine Papiere abgegangen sind, das hatte ich schon getan; man musste nur Lyon von ihrem Eintreffen verständigen, was ich vergessen hatte. Nun: Ende gut, alles gut …
Gestern sind wir mit Charlot spazieren gegangen. Wir waren zu dritt und er (das ergibt 3 + 1 = 4).
Unsere Exerzitien am Schluss des Schuljahres machen wir in der Nähe von Luzern in der Pfingstwoche.
Auf Wiedersehn, liebste Maman, ich umarme Dich von ganzem Herzen.

Dein getreuer Sohn,

Antoine

---

12 Die Mutter von Louis de Bonnevie, Freund Antoines und Klassenkamerad in Fribourg.
13 François de Saint-Exupéry war an Gelenkrheumatismus erkrankt; drei Monate später starb er an diesem Leiden in Saint-Maurice-de-Rémens.

5. [Paris, Lycée Saint-Louis, 1917]

Meine liebe Maman,

ich habe nur eben Zeit, Dir ein Wort zu sagen. Schreib mir täglich, das würde mich so freuen! Lass mir durch Monot[14] mein Album mit allen Fotografien schicken. Es liegt in Monots Zimmer, wo ich es vergessen habe. (Mein Album, nicht meinen Ordner).

Wir haben uns nun doch entschlossen, während der Pausen zu spielen, und haben eben die taupins[15] haushoch im Hürdenlauf geschlagen: 9 zu 0. Ausnahmsweise ließen wir uns herab, uns mit ihnen zu messen, um ihnen unseren Wert zu beweisen. Hingegen hat keiner von uns – weder wir noch die taupins – einen piston[16] in eines der Lager aufgenommen (ein paar Burschen wurden gebraucht, um in einem der Lager Löcher zu stopfen), ja, dieser Gedanke wurde mit Abscheu zurückgewiesen, denn die pistons werden (selbstverständlich) von den flottards[17] und den taupins gehasst; genau so wie diese bei den pistons und den flottards und die flottards bei den taupins und den pistons verhasst sind usw. …

Sich mit den taupins zu messen, das ging ja noch an, nicht aber einen Feind im eigenen Lager zu haben.

Die farblosesten sind die Cyrards[18], von denen man nie

---

14 Spitzname für Antoines Schwester Simone.
15 Schüler der École Polytechnique, der Eliteschule für Militäringenieure, Berg- und Wegebau. Der Spitzname *taupin* heißt etwa „Maulwurf".
16 In der École Centrale wurden die Zivilingenieure ausgebildet. Ihr Spitzname *piston* dürfte von *piston* = Kolben herrühren.
17 Spitzname der Seekadetten und der Anwärter auf die École Navale.
18 Gemeint sind die Schüler der Militärakademie von Saint-Cyr.

etwas hört. Wir haben am meisten Korpsgeist, dann die taupins und die pistons, jeder auf seine Weise.
Ich habe hier einen Mitschüler von Saint-Jean namens Berg wiedergesehen, der mich heute im Sprechzimmer aufsuchte; sonderbare Begegnung. Mir geht es sehr gut. Sonntag bin ich zur Kommunion gegangen.
Monsieur Pagès hat uns einen kleinen speech gehalten und uns gesagt: „Wer sich zu schwach im Magen fühlt, um das Scheibchen Mathematik zu verdauen, das Monsieur Corot und ich euch servieren werden, soll lieber jetzt abgehen. Wenn ihr die Mathematik gern habt, werdet ihr immer mehr davon wollen, das schwöre ich euch!" Wir arbeiten sehr eifrig: ich komme immer mit und bin sehr stolz darauf. Es wird schon klappen, mach' Dir keine Sorgen.
Ich umarme Dich zärtlich,
        Dein Sohn, der Dich liebt,
                Antoine

Die <u>pistons</u> sind unsere Todfeinde. Im Übrigen verachten wir sie, denn die Ingenieurlaufbahn ist etwas Verächtliches und „Unseemännisches" (für Monot).

P. S. Lass Schokoladetrüffel für mich machen und schicke mir derlei; das passt gut in die Landschaft meines Magens.
(Ich mag die Fleischpasteten der alten Bossue nicht, unnötig, dass sich diese erlauchte Person damit abgibt: ich liebe echtes Konfekt, Makronen, Schokoladetrüffel (nicht Nougat!!!) und Bonbons.

So weißt Du Bescheid.
Antoine denkt und die Familie lenkt.
(Bitte lenke schnell und versorge mich mit Bonbons.)

6. [Paris, Lycée Saint-Louis, 1917]

Maman, die ich lieb habe,

ich bin noch immer begeistert. Ich schufte nach wie vor wie ein Ochse. Heute früh Aufsatz. Schreib mir täglich, das macht mir solche Freude und verbindet so sehr.
Ich habe den Kaplan gesprochen. Er kannte Papa aus Sainte-Croix[19], wo er mit ihm in einer Klasse war.
Es ist sehr schönes Wetter, außerdem wird bei uns jetzt geheizt. Es fehlt mir an nichts, außer an Briefmarken. Schick mir doch bitte zwei Heftchen.
Ich verlasse Dich, Maman, und habe Dich lieb. Und umarme Dich fest.

Dein getreuer Sohn,
Antoine

7. [Paris, Lycée Saint-Louis, 1917}

Geliebte Maman,

endlich finde ich ein bisschen Zeit, um Dir zu schreiben. Bei der letzten unangekündigten Mathematikarbeit bekam ich 10 Punkte, nicht schlecht für mich...

---

[19] Am Collège Notre-Dame-de-Sainte-Croix in Le Mans war schon Antoines Vater Jean de Saint-Exupéry Schüler, von 1909 bis 1914 dann Antoine.

Sinetys[20] sind in Paris. Sie haben mich für Sonntag eingeladen, aber ich bin in Klausur (was jedoch nur bedeutet, dass man nicht ausgehen darf, sonst aber frei ist in seiner Zeiteinteilung). Da ich schrecklich viel zu arbeiten habe, wurmt mich das nicht sonderlich.
Im Lycée Saint-Louis fühlt man sich wirklich wohl, bloß dass man hier 12 Stunden Klausur hat, wenn anderswo 5 Minuten Arrest verhängt werden. Aber wenn man sich damit abfindet, ärgert es einen auch nicht weiter.
Ich bin nach wie vor begeistert, entzückt, selig, und wenn ich auch Dich noch in meiner Nähe hätte, fühlte ich mich wie im dritten Himmel. Schreib mir recht oft, in Deinen Briefen kann ich Dich ein bisschen spüren.
Unser Silentium und unser Klassenzimmer haben wir mit riesigen Abbildungen von Schlachtschiffen und allerlei Überseedampfern dekoriert, und weil man uns im Silentium dabei erwischte, als wir auf einem Gerüst standen, um sie mit Reißnägeln an die Wände zu „pieken", wurden uns besagte 12 Stunden aufgebrummt (den Silentium-Raum darf man nämlich nur betreten, wenn Silentium angesagt ist). Was die Moral betrifft, hier meine Eindrücke.
1. Alles Gerede über die Unmoral in den Schlafsälen ist totaler Unsinn. Ich bin nun schon einen Monat hier, und alles ist untadelig, in jeder Hinsicht.
2. Was die Religion anbetrifft, gibt es natürlich weniger Strenggläubige als in einer Klosterschule, jedoch, was verwunderlich ist, weitaus mehr Respekt vor dem

---
20 Die Familie Sinety, Freunde der Familie Saint-Exupéry aus der Zeit in Le Mans, lebte nach wie vor im Département Sarthe.

Nächsten. Der Junge, der in der Klausur neben mir sitzt, liest zum Beispiel von Zeit zu Zeit im Gebetbuch die Meditationen, ohne dass sein anderer Sitznachbar, der nicht sonderlich gläubig ist, auch nur auf den Gedanken käme, darüber zu lächeln, und auch ich kann, wenn ich Lust habe, in meiner prachtvollen Bibel von Sallès[21] lesen, ohne dass jemand davon auch nur Notiz nähme. Wer sich keiner Glaubensgemeinschaft zugehörig fühlt, respektiert voll und ganz und respektvoll die der anderen. Niemals hört man hier, was anderswo üblich ist, „und du glaubst all diesen Unsinn?!!" Man fragt nur: „bist du katholisch? – ja, und du? – nein", und das ist alles, ohne dass der, der nein gesagt hat, auch nur eine Miene verziehen würde. Also, was das anbetrifft, ist's hier großartig. Man könnte fast sagen, dass die, die nicht gläubig sind, denjenigen, die glauben, sogar Respekt und Hochachtung zollen.

3. Moral außerhalb. Natürlich gibt es welche, die über die Stränge schlagen, wenn sie in der Stadt sind, aber auch sie respektieren die Gesinnung der anderen und bewundern sogar die, die es nicht so wild treiben.

Summa summarum, es mag weniger „Gläubige" und vielleicht auch weniger Sittsame geben als in einer Konfessionsschule, aber ernsthafter geht es hier allemal zu als in den Klosterschulen, wo die, die gläubig und brav sind, es doch großteils nur aus Gewohnheit, aus familiärer Gepflogenheit oder was weiß ich sind. In meiner Klasse sind übrigens die meisten religiös.

---

21 Charles Sallès, Mitschüler Antoines in der Villa Saint-Jean in Fribourg und einer seiner engsten Freunde.

Allmählich komme ich auch in Mathematik mit. Es wird schon klappen, wie ich hoffe.

Ich wurde zum Gendarmerie-Brigadier ernannt (habe etwa 10–15 „Untergebene"), und meine Hauptaufgabe besteht darin, den „Suff" korrekt zu ahnden, doch bisher musste ich noch nicht als Richter fungieren. Der Vorsitzende eines solchen Gerichts sagt: „X muss eine Abreibung kriegen", und als Brigadier hätte ich dann Tag, Uhrzeit und Umstände, aber auch die Art und Weise, wie das Opfer festgenommen werden soll, etc., etc. zu bestimmen.

Die <u>taupins</u> sind widerliche Kerle, mit solchen Typen kann man auf dem Spielfeld wirklich nichts anfangen! Sie sind streitsüchtig, engstirnig, nachtragend, gehässig etc., eine ekelhafte Mannschaft, mit der man nicht einmal mehr ein Wort wechseln mag, so unangenehm etc., etc., kurzum: sie haben uns beim Hürdenlauf geschlagen.

Auf den Militärdienst bereite ich mich nicht nur in Infanterie, sondern auch in Artillerie vor, was viel interessanter ist. Wir haben Unterricht in Artillerie-Technik und -Praxis im Fort de Vincennes, wo wir unter Anleitung eines Obersts etc. einmal pro Woche die Kanone befeuern.

Der Präfekt für gute Sitten hat demissioniert, großes Ereignis. Man hat ihm das Kassiereramt aufgebrummt, und der Kassierer wurde P.F.S.

Trotz allem muss ich Dich jetzt verlassen, daher umarme ich Dich aus ganzem Herzen und mache mich wieder an meine Mathematik.

(Zu Neujahr möchte ich gerne nach La Môle[22] kommen, sonst sehe ich Dich bis Ostern nicht!)
Auf Wiedersehen Maman, die ich liebe.
Ich umarme Dich aus ganzem Herzen,
                                    Dein getreuer Sohn

BRAVO DEN FLOTTISTEN!!!
PFUI DEN TAUPISTEN!!!
PFUI DEN PISTONS!!!
Das liest man hier auf allen Tafeln (und es steht auch, natürlich in anderer Reihenfolge, in den Silentium-Räumen der anderen).
A propos: Wir haben einen Aufpasser, der sich auf <u>piston</u> (Centrale) vorbereitet und schon etwa 28 oder 30 ist. Auch deswegen die Schmähung von <u>pistons</u> auf unseren Tafeln. Ferner gibt's da zu lesen: „Matheaufgabe für Pistons: Gleichung 1. Grades mit zwei Unbekannten" (was genau so schwierig ist wie „Jules hat 3 Murmeln, man nimmt ihm eine weg, wie viele bleiben ihm dann noch" oder „wie viel ist 2×2").
<u>Dies ist meine letzte Briefmarke.</u>

8.   [Paris, 25. November 1917]
Meine liebe Maman,

Dank für Deinen Brief.
Ich habe eben einen reizenden Tag verbracht: Mittagessen bei Onkel Maurice[23], danach holte ich Tante Anaïs ab, die eben angekommen ist und sich mit mir verabre-

---

22 Das Schloss La Môle im Département Var ist der Familiensitz der Boyer de Fonscolombe, Antoines Großeltern mütterlicherseits.
23 Maurice de Lestrange, Cousin der Mutter Antoines.

det hatte, und wir waren dann zusammen im Bois de Boulogne. Jetzt bin ich wieder in Saint-Louis, etwas müde, denn ich habe so gut wie gar nicht die Metro benutzt, da ich lieber zu Fuß ging. (Ich bin bestimmt 15 km gelaufen.)

Marie-Thérèse[24] heiratet Donnerstag: hoffentlich kann ich mich dafür freimachen. Odette de Sinetty schrieb mir zwei sehr nette Briefe. Ich weiß nicht, wann sie zurückkommen, aber ich würde Odette gern wiedersehen.

Wie geht's Dir? Rackere Dich nicht zu sehr ab, geliebte Maman; weißt Du, wenn ich im August bestanden habe, bin ich ja im Februar Offizier und werde entweder der Basis in Cherbourg, Dünkirchen oder Toulon zugeteilt; dann werde ich ein Häuschen mieten, und darin können wir beide wohnen: Ich bin drei Tage auf dem Lande und vier Tage auf dem Meer, und während der drei Landtage sind wir dann zusammen: es wird das erste Mal sein, dass ich ganz auf mich gestellt sein werde, und da brauche ich schon meine Maman, damit sie mich etwas behütet, am Anfang! Wir werden sehr glücklich sein, das wirst Du sehen! Vier oder fünf Monate wird das dauern, bevor ich richtig Abschied nehme, und dann wirst Du froh sein, dass Du Deinen Sohn eine Weile bei Dir hattest.

Es ist dichter Nebel, schlimmer als in Lyon, ich hätte das nie erwartet.

---

[24] Marie-Thérèse Jordan, Tochter des Generals Jordan, heiratet am 29. November 1917 Jean Denis.

Könntest Du mir folgende Sachen schicken (man braucht keine Kaufgenehmigung wie in Fribourg).
1. Einen steifen Hut (oder schicke lieber was <u>an Madame Jordan, damit sie mir einen kauft</u>). Außerdem noch 1. Zahnpasta „Boto"; 2. Schnürsenkel (kaufe sie in Lyon und nicht in Ambérieu, die reißen nämlich); 3. Briefmarken, obwohl ich noch 12 habe (das ist also nicht so eilig); 4. eine Matrosenmütze.
Aber da ich nächsten Donnerstag zum ersten und einzigen Mal Ausgang habe, ist das der Tag, an dem ich von Melone und Mütze profitieren kann (ich <u>brauche</u> einen Hut, um Sonntag mit Yvonne[25] auszugehen). Schicke also noch heute, Montag, ein paar Zeilen an Madame Jordan mit dem Geld, so dass es vor Donnerstag eintrifft und sie mir an diesem Tag die dringend benötigte Melone und die Mütze kaufen kann, die ich ebenfalls dringend für die militärische Vorbereitung brauche.
Ich habe wenig anderes zu erzählen. Morgen bekommen wir den ersten französischen Aufsatz zurück. Ich schreibe Dir dann meine Note.
Auf Wiedersehn, geliebte Maman, ich umarme Dich von ganzem Herzen, schreibe mir.

     Dein Sohn, der Dich lieb hat,
          Antoine

---

25 Yvonne de Lestrange, Cousine von Antoines Mutter.

9.   [Paris, Lycée Saint-Louis, 1917]

Meine liebe Maman,

Du hattest mir versprochen, täglich zu schreiben! Und seit langem habe ich nichts mehr gehört ...
Heute ist Donnerstag, in drei Tagen, am Sonntag, bin ich zu Mittag bei Madame de Menthon[26], die mich eingeladen hat; ich hatte sie besucht und meine Karte hinterlassen, da ich niemanden antraf, welch ein Glück.
Wir haben tristes, trübes Wetter. Die Abende sind jetzt düster, ganz Paris ist blau angemalt ... Die Trams fahren mit blauem Licht, im Lycée Saint-Louis ist die Beleuchtung auf den Fluren blau, kurzum, ein seltsamer Eindruck ... und ich glaube nicht, dass es die Boches sehr stören wird. Oder doch! Wenn man jetzt Paris von einem hochgelegenen Fenster aus betrachtet, sieht es aus wie ein großer Tintenfleck: nicht ein Widerschein, nicht ein Lichthof; erstaunlich, welch ein Grad an Verdunklung dadurch erreicht ist! Jeder wird bestraft, wenn von der Straße aus ein beleuchtetes Fenster zu sehen ist! Man braucht riesige Vorhänge!
Ich habe gerade ein wenig in der Bibel gelesen: wie wunderbar ist das, welch machtvolle Schlichtheit, und zuweilen auch welch eine Poesie! Die Gebote, die gut 25 Seiten einnehmen, sind Meisterwerke der Gesetzgebung und des gesunden Menschenverstands. Überall leuchtet das Sittengesetz hervor in seiner Zweckmäßigkeit und Schönheit: einfach großartig.

---

26 Freundin von Madame de Saint-Exupéry. Die jeweiligen Kinder sind eng befreundet.

Hast Du die <u>Sprüche</u> Salomons gelesen? Und das <u>Hohe Lied</u>, wie schön ist das! Alles findet sich in diesem Buch, sogar ein Pessimismus, der weit tiefer und wahrer ist als bei Autoren, die diese Manier angenommen haben, weil sie das für schick halten. Hast Du den *Ekklesiastes* gelesen?

Ich verlasse Dich jetzt. Physisch, moralisch und mathematisch gesprochen, geht es mir gut.

Ich umarme Dich sehr herzlich,
    Dein Sohn, der Dich lieb hat,
        Antoine

10.   [Paris, Lycée Saint-Louis, 1917]

Geliebte Maman,

ich weihe mein Briefpapier für Dich ein ...

Wenn Du kommst, bring mir doch im Handgepäck, damit ich ihn früher habe, meinen Atlas mit, den ich dringend brauche; ich werde Dir dafür von Herzen dankbar sein.

Tausend Dank für alles, was Du für mich tust; bitte, glaube nicht, ich wäre undankbar, weil ich manchmal schlechter Laune bin, Du weißt, wie lieb ich Dich habe, geliebte Maman.

Ich büffle Mathematik ... immer noch. Ich werde auch etwas Deutsch lernen.

Auf Morgen!
    Ich umarme Dich,
    Dein getreuer Sohn,
        Antoine

II.

[Paris, Lycée Saint-Louis, 1917]

Geliebte Maman,

eben kam es in unserer Klasse zu einer Regierungskrise:
Das Ministerium hat demissioniert. Die Regierung setzt sich zusammen aus:
A) dem Zet (Präsidenten), genannt Z
B) dem V.Z. (Vizepräsidenten)
C) dem P.F.S. (Präfekten für gute Sitten)
D) dem K.S. oder Kassierer.
Nachdem der Präsident (des Ministeriums, des sogenannten Büros) über ein Vertrauensvotum abstimmen ließ, mit dem er sein durch eine innere Krise erschüttertes Ansehen zu stützen hoffte, kam es dazu, dass dieses Vertrauensvotum im Gegenteil zu einem Misstrauensvotum wurde, worauf das Ministerium abdankte. In einer feierlichen Sitzung, die in einem freien Klassenzimmer stattfand und anderthalb Stunden dauerte, unter langen und höchst ernsthaften Debatten, wurde schließlich das folgende Ministerium gebildet:
Präsident oder Z Dupuy,
V.Z. Sourdelles,
P.F.S. de Saint-Exupéry.
Was den K.S. angeht, so konnte man keinen finden, denn er demissionierte sofort wieder, infolge recht komplizierter Intrigen und Gegenintrigen (genau wie in der Kammer); nachdem wir einen Tag in den Wandelgängen, wo es äußerst belebt zuging, mit Verhandlungen verbracht hatten, bildeten wir schließlich die Regierung

unter Ausschluss des Postens eines K.S. als Regierungsmitglied; stattdessen machten wir aus ihm ein ständiges Amt, das von den Ministerien unabhängig ist. Wir erreichten, dass unser Projekt gebilligt wurde, und nach einigen Obstruktionsversuchen, missglückten Misstrauensvoten, hat unsere Regierung schließlich eine solide Grundlage. Vorher war ich Gendarmerie-Brigadier, aber der gehört nicht zur Regierung, sondern ist ein Beamter wie mehrere andere. (Der U. v. D., der Bizut Torche[27], der KM, das heißt der „Kapellmeister", der mit der Organisation der Radauszenen betraut ist usw....) Und die Beamten werden von uns ernannt und sind absetzbar. Aber jetzt gehöre ich zum „Büro", und wir werden nun in der „Hypoflotte" eine eiserne Disziplin aufrechterhalten, denn die Klasse schuldet der Regierung unbedingten Gehorsam. Am meisten lockt mich dabei, dass ich versuchen werde, einige Stücke des Klassenarchivs zu entwenden, um sie Dir zu zeigen: das lohnt sich, sie sind nämlich für gewöhnliche Sterbliche unerreichbar.

Sonst nichts Neues. Ich treffe Dich in Ambérieu, aber dann fahren wir doch sofort in den Süden, nicht wahr? Ich habe eine Prüfung in Physik hinter mir und bekam dabei 14 Punkte von zwanzig, nicht so übel.

Ich verlasse Dich, denn ich habe keine Minute Zeit mehr, und umarme Dich von ganzem Herzen.

        Dein getreuer Sohn,

Antoine

---

[27] Bizuts heißen die Schüler im ersten Schuljahr; Torche = Fackel.

12.

Paris, Lycée Saint-Louis, 1917

Geliebte Maman,

es hat geklappt, ich habe gefrühstückt bei der Duchesse de Vendôme ... der Schwester des Königs von Belgien! Die Sache machte mir riesigen Spaß: Sie sind reizend. Monseigneur sieht ungemein intelligent aus und ist sehr witzig. Ich habe nicht einen einzigen Faux-Pas begangen und habe mich keinmal verhaspelt. Tante Anaïs[28] war sehr zufrieden: Könntest Du mir den Brief schicken, falls sie Dir etwas darüber schreibt?

Am meisten freut mich dabei, dass sie (die Duchesse de Vendôme) mir gesagt hat, sie würde mich eines Sonntags auffordern, sie in die Comédie-Française zu begleiten: Welch eine Ehre!

Abends hat mich Tante Anaïs P + Q Besuche machen lassen (soviel es Glieder in der „harmonischen Reihe" gibt, und das ist viel .. !).

Ich bekam ein ausgezeichnetes Mittagessen, ein nicht weniger ausgezeichnetes Gebäck zum Nachmittagstee und ... das war mir willkommen.

Um den Tag zu beschließen, machte ich bei S's einen Besuch. Ich bekam nur Monsieur und Madame zu sehen, die anderen waren nicht zu Hause.

Sie haben mich für Sonntag in acht Tagen zu Mittag eingeladen. Ich werde also mittags bei ihnen essen und

---

28 Anaïs de Saint-Exupéry, Antoines Tante, ist Ehrendame der Duchesse de Vendôme.

abends den Express besteigen, der mich nach La Môle bringt...[29]

Nur schicke mir schnell eine telegrafische Postanweisung, damit ich mein Billett und meinen Platz reservieren kann; ich habe dafür so wenig Zeit.

In Ambérieu wird es regnen; in La Môle werden wir die Sonne und Didi haben![30] Und dann: dreizehn Tage, das lohnt sich.

Ich weiß nicht, ob ich Dir schon erzählte, dass ich letzten Sonntag Onkel Dubern[31] besucht habe. Am Nachmittag gingen die Jordans mit mir ins Theater; wir sahen Petite Reine (Kleine Königin), ein Stück, zu dem ganz Paris hinläuft. Es ist fantastisch.

Ich verlasse Dich und umarme Dich von ganzem Herzen, so wie ich Dich lieb habe, geliebte Maman.

   Dein getreuer Sohn,

      Antoine

N. B. Insgesamt ist Paris wohl eine weniger verderbliche Stadt als die Provinznester, d. h. ich stelle fest, dass einige meiner Kameraden, die in der Provinzstadt gewaltig über die Stränge schlugen, sich hier relativ brav benehmen, weil solche Orgien hier in Paris gesundheitliche Gefahren bergen. Was mich anbetrifft, moralisch gesehen, ist alles in Ordnung, und ich glaube, dass ich immer Dein Dich so sehr liebender Tonio bleiben werde.

---

29 Das Schloss La Môle im Département Var ist Familiensitz der Fonscolombes.
30 Didi ist der zweite Spitzname seiner Schwester Gabrielle.
31 Graf Eugène Dubern hatte Françoise de Fonscolombe geheiratet, Cousine von Madame de Saint-Exupéry.

13.　　　　　　　　　　[Paris, Lycée Saint-Louis, 1917]

Geliebte Maman,

soeben wurde die Rangfolge in Mathematik bekannt gegeben, und ich konnte höchst befriedigt feststellen, dass ich seit der letzten um <u>fünf</u> Plätze vorgerückt bin. Natürlich bin ich von der besten Hälfte noch recht weit entfernt, aber wenn es so weitergeht, hoffe ich es in Bälde zu schaffen! Man kann schließlich nicht erwarten, dass ich in 3 Monaten 3 Jahre Mathematik aufgeholt habe, denn insgesamt habe ich ja 3 Jahre Rückstand im Vergleich zu den anderen, da ich ja immer nur schöngeistige Fächer hatte.

Die Bilanz dieses Trimesters fällt also sehr erfreulich für mich aus: Ich bin nicht nur nicht untergegangen, sondern habe im Schriftlichen noch etwa 8 Jungen hinter mir, die schon 3 Jahre Naturwissenschaften auf dem Buckel haben!

Stell Dir vor, für morgen hat mich die Duchesse de Vendôme in die Comédie-Française eingeladen. Sie ließ mir sogar schon mein Billett zukommen: Parterreloge, bitte schön, und diese Loge kostet 40 Francs! Das lohnt sich doch wohl! Und außerdem, welch eine Ehre! …

Guillaume de Lestrange ist in Paris und hat mich heute Vormittag besucht. Er wollte mich für morgen zum Mittagessen einladen, aber leider kann ich nicht. Kommenden Sonntag hingegen werde ich zu Mittag bei den Sinetys sein, und das erfreut mein Herz ganz erheblich!

Ich weiß nicht, ob ich Dir schon erzählte, dass ich vorigen Sonntag Tante Alix[32] getroffen habe, die in meiner Achtung um mindestens 100 Meter + 25 gestiegen ist. Ihr dürfte es ebenso ergangen sein, als sie mich so untadelig gewandet sah, mit Melone auf dem Kopf und in höchst elegantem Gummimantel. Mit ihr, Tante Anaïs und einer Madame weiß nicht mehr (die in Marokko war und die Ehrenlegion bekam und die Tante Anaïs sehr mag, weißt Du's, wer?) und noch einer anderen Dame, einer glühenden und begeisterten Royalistin, war ich dann eingeladen in eine Patisserie, wo nur die bessere Gesellschaft verkehrt und mein Magen sich nichts entgehen ließ.

Das neue Hypoflotte-„Bureau", in dem Dein würdiger Sohn eines der hervorstechendsten Mitglieder ist, stellte sich heute der A- und B-Flotte im Rahmen einer Vollversammlung vor. Sie hatten uns einbestellt, und es wurde eine höchst bewegende Sitzung, denn diese Burschen kannten wir noch nicht.

Sie stellten uns Fragen, ließen sich Dokumente vorlegen bezüglich der ministeriellen Krise in unserer Klasse etc., etc., und im Anschluss an einen kurzen Speetch [sic], wobei Namensträger mit feierlicher Stimme die Traditionen dieses Corps skizzierten, ließen sie uns wissen, dass sie geneigt wären, uns als Hypoflotte-Bureau (dem Flotte-Bureau unterstellt) zu akzeptieren.

Da ich ja auch mit der Justiz befasst bin, befinden sich sämtliche Klassen-Archive in meinen Händen, und die sind recht aufschlussreich. Da gibt es Dokumente, in

---

32 Alix de Saint-Exupéry, Gemahlin von Louis Lecacheux.

denen man allerlei über kleine Intrigen, Gegen-Intrigen etc. erfährt, das lohnt sich zu lesen, und ich werde versuchen, auch Dir Einblick zu verschaffen. Um uns gegen die feigen Machenschaften der Mitglieder des einstigen „Bureaus" verteidigen zu können, habe ich eine Geheimpolizei ins Leben gerufen, deren Aufzeichnungen ich Dir auch zeigen werde …

Ich bin froh gestimmt (weil ich Dich bald wiedersehen werde!). Bin guten Mutes und hoffe, ein ernsthafter Schüler zu bleiben, so ernsthaft wie meine Liebe zu Dir, geliebte Maman, und das ist viel. Ich umarme Dich ganz fest in Erwartung der Freude, es bald in Wirklichkeit tun zu können!
    Dein getreuer Sohn,
        Antoine

<u>Wichtig und dringend</u>
N. B. Damit ich fahren darf, musst Du mir auf beigelegtem weißem Briefpapier mit ein paar Zeilen Deinen Wunsch mitteilen, dass ich Dich in Ambérieu treffen soll, bevor wir dann in den Süden weiterreisen, und dieses Schreiben Deinem nächsten Brief beilegen, da ich unserem Verwaltungsdirektor <u>Deine Reiseerlaubnis vorlegen und in seinen Händen belassen</u> muss. Würdest Du das so bald wie möglich tun?

14.   [Paris, Lycée Saint-Louis, 1918³³]

Meine liebe Maman,

hier bin ich nun wieder in Saint-Louis, wo ich mit fünf Stunden Verspätung eintraf. Ich habe rechten Katzenjammer, aber das wird hoffentlich vorübergehen. Am Sonntag gehe ich aus, zu Madame Jordan, und abends esse ich bei den Sinettys. Ich würde gern Tante Rose³⁴ besuchen, weiß aber ihre Adresse nicht. Könntest Du sie mir schicken?

Du hast wirklich Glück, dass Du im Süden bist, aber ich konnte unmöglich hinkommen. Wie viel Verspätung hattest Du?

Das Wetter hier ist trüb und abscheulich, dazu eine Hundskälte ..., ich habe Frostbeulen an den Füßen und auch geistig bin ich erstarrt, diese ewige Mathe steht mir bis oben, das heißt, es macht wahrlich Spaß, sich in Diskussionen über hyperbolische Paraboloide zu verhaspeln, sich in unendlichen Größen zu bewegen und sich stundenlang über die imaginären Zahlen den Kopf zu zerbrechen (sie heißen imaginär, weil sie nicht existieren, die wirklichen Zahlen sind nur Sonderfälle) und Differentiale zweiter Ordnung zu integrieren und zu ... und zu ... Hol's der Teufel!

Dieser energische Ausruf entrümpelt mich ein bisschen und macht meinen Kopf klarer. Ich habe mit QQ, das

---

33 Nachdem Antoine seine beiden Abiturprüfungen in Paris (1916) und Lyon (1917) bestanden hatte, bereitet er sich im Lycée Saint-Louis in Paris auf die Seekadettenschule vor.

34 Rose Gravier, Comtesse Guillaume de Lestrange, Cousine von Madame de Saint-Exupéry.

heißt mit Pagès gesprochen. Ich hab ihm das Geld gegeben: Du schuldest ihm 405 Francs, aber er wird den Rest auf die Rechnung für das nächste Trimester setzen. Er sagt mir, für mich bestünde einige Hoffnung, was mich über die Mathematik hinwegtröstet.

Mach Dir keine Sorgen, wenn ich etwas melancholisch bin, das geht vorüber! Zum Glück bist Du in einer hübschen Gegend! Mit der artigen Biche[35], dem Trost Deiner alten Tage.
Die Büchlein „Genre Madame Jordan"[36] haben hier Eingang gefunden und werden mit Staunen gelesen. Ich denke, sie werden eine sehr gute Wirkung tun. Ich werde sie morgen noch um weitere bitten. Es gibt hier noch was sehr Gutes zur Verbesserung der Moral, ein Theaterstück (ich glaube von Brieux) „Die Schiffbrüchigen".[37]
Ich verlasse Dich, geliebte Maman, da ich nichts mehr

---

35 Spitzname, den er seiner Schwester Gabrielle gab.
36 Madame Jordan, eine Freundin Madame de Saint-Exupérys, empfing Antoine jede Woche und ließ ihn Erbauungsschriften lesen, um den jungen Mann vor allen Gefahren zu warnen, die ihn bedrohten.
37 Eugène Brieux (1858–1932), erfolgreicher Dramatiker. Es handelt sich um das Werk *Les Avariés* (1901). Die deutsche Version (*Die Schiffbrüchigen*) ist 1903 erschienen.

zu erzählen weiß, ich umarme Dich von ganzem Herzen und bitte Dich inständig, mir täglich zu schreiben, wie früher!

    Dein getreuer Sohn,
    der Dich lieb hat,
          Antoine

15.   [Paris, Lycée Saint-Louis, 1918]

Meine liebe Maman,

ich bin nicht tot …
Ich habe Dir geschrieben! Nur, ich nannte Details, und die Zensur ließ keinerlei detaillierte Post raus aus Paris. Wie Du siehst, verraten die Zeitungen nicht alles …
Die Boches haben sich leider nichts entgehen lassen, aber andererseits hat das auch sehr viel gebracht: es hat viel mehr Kampfgeist erzeugt als ein großer Sieg.
Diejenigen, die schon allmählich zu Pazifisten wurden und eine Fortführung des Krieges für unsinnig hielten, vollzogen plötzlich eine Kehrtwendung. Es brauchte nur Kanonendonner, Maschinengewehrfeuer und Bombengetöse. Das beste Heilmittel gegen Kriegs-Neurasthenie, die schleichende Krankheit der Zivilbevölkerung. Die Boches brauchen nur noch einmal

wiederzukommen, dann gibt es in Paris nur noch glühende Patrioten.

Unmöglich, Dir die Schäden zu schildern und die Toten zu beziffern, dann käme mein Brief wieder nicht durch.

Gestern Mittag speiste ich bei Tante Fonscolombe[38], die wohlauf ist. Die Villautreys waren auch da, und ich habe mich gefreut, sie wiederzusehen.

Im Bekanntenkreis hat es niemanden getroffen.

Ich habe alles gesehen, alles gehört und schwöre Dir, dass es gehörig knallte, man hätte sich mitten in einer großen Schlacht wähnen können, laut Presse sind sie mit 60 gekommen, das glaube ich gern, bei diesem Getöse! Ich hatte einen sehr guten Standort und war wie im Delirium vor Begeisterung und hätte gerne fünf oder sechs in Flammen aufgehen sehen …

Ich weiß nicht, ob Du in der Presse das Boche-Kommuniqué gelesen hast: „…wir haben 14.000 Kilo Sprengstoff über Paris abgeworfen." Du siehst, unbemerkt blieben sie leider nicht… Aber wir werden ja hoffentlich auch ihnen einen kurzen Besuch abstatten.

Da ich Dir wegen der Zensur, die erfolgreich Wache schiebt, kein Detail über die Plätze, Straßen oder Boulevards, die von Bomben getroffen wurden, verraten darf oder auch nur sagen, dass vielleicht drei auf den Boulevard Saint-Michel niedergingen, verlasse ich Dich jetzt, geliebte Maman, und umarme Dich aus ganzem Herzen.

---

38 Baronin Fernand de Fonscolombe, Antoines Großtante, die ihn häufig zu sich in die Rue Saint-Dominique einlud.

N. B. Machte bei Onkel und Tante Jacques[39] in Asnières Besuch (aber sie waren nicht da).
Dein getreuer Sohn,
Antoine

N. B. Lass mich wissen, ob Du meinen Brief erhalten hast. Ich glaube, die Zensur arbeitet in der Dunkelkammer und öffnet nicht: das dauert viel länger, und daher weiß ich nicht, wann Du meinen Brief erhältst????

Erschreckt von den Resultaten des überfallartigen Angriffs wird uns die Schulverwaltung beim nächsten Mal in die Keller verbannen. Diesmal waren wir nur eine Etage tiefer gegangen. Was sind das doch für Angsthasen!
Ich habe überhaupt keine Fotos von Biche! Tante Rose hatte eines von Didi geschickt bekommen: die Abzüge sind also fertig! Schick mir schnell eins: Ich würde mich so freuen!
Aber schick es in einer Schachtel. Das von Tante Rose kam völlig verknittert und verkrumpelt an. Schick mir noch heute Abend eines! Postwendend!

---

39 Jacques de Fonscolombe, ein jüngerer Bruder von Madame de Saint-Exupéry.

16. [Paris, Lycée Saint-Louis, 1918]

Meine liebe Maman,

vielen Dank für Deinen Brief.
Wir verbringen also die Ferien in Saint-Maurice?!!![40]
Ehrlich gesagt, falls es Deinem Geldbeutel nützt, bin ich einverstanden, aber lustiger als in Ambérieu ist es dort auch nicht. Was soll ich dort treiben, allein?
Wenn wenigstens Louis de Bonnevie[41] kommen könnte, aber seine Familie wird ihn bestimmt nicht loslassen während der Ferien! Nach Lyon möchte ich auf keinen Fall. Jedes Mal eine Tagesreise! (Ständig dort leben, das geht ja noch an, obwohl…)
Im Grunde ist das auch gar nicht so wichtig: Ich muss Mathematik pauken und in den Pausen ein paar physikalische und chemische Versuche machen. Ich wäre auch gerne ein bisschen Rad gefahren, aber der alte Leduit hat es mir bestimmt völlig demoliert! Könntest Du es für mich bei Michaud unterstellen lassen?
Ich werde große Wanderungen machen, das wenigstens wird erfreulich sein.
Werde ich Didi sehen? Ich hoffe es sehr! Wäre es undenkbar, wenn ich einen Abstecher in die Schweiz machte? Letztlich musst Du entscheiden, mir ist's egal.

---

40 Im Schloss von Saint-Maurice-de-Rémens, unweit von Ambérieu en Bugey im Département Ain gelegen, hat Antoine als Kind all seine Ferien verbracht, da die „Tante", die Comtesse de Tricaud, geb. Lestrange, es seiner Mutter vermacht hatte.
41 Louis de Bonnevie, gleichaltriger Mitschüler in Fribourg und enger Freund von Antoine. Er fiel als ausgezeichneter Artillerie-Offizier 1927 in Marokko.

Nur schreib mir schnell Endgültiges, denn ich muss mir noch diese Woche einen Platz reservieren.

Unsere schriftliche Mathematikprüfung bestand aus zwei Teilen:

1. Algebra
2. Geometrie

Algebra habe ich gemacht, aber keine Zeile Geometrie (brauchen wir nicht für die Aufnahmeprüfung). Insgesamt schneide ich daher nur mittelmäßig ab, doch Monsieur Pagès ließ mich wissen, dass ich in Algebra unter den 5 oder 6 Besten (von 40) bin und 14 von 20 Punkten bekommen werde (leider in der Gesamtnote nur 7 von 20), was hervorragend ist und mich hoffnungsfroh stimmt.

Die Gothas waren wieder da und haben abermals Übles angerichtet. Von einem sechsstöckigen Haus blieb <u>kein Steinchen</u> übrig. Das ganze Gebäude liegt als Schutt auf der Straße. Sie werden übrigens schon bald wieder auftauchen.

Ich verlasse Dich jetzt und umarme Dich von ganzem Herzen.

Dein getreuer Sohn,
Antoine

Die Gothas waren gerade abermals da. Was für ein Land! An Schlaf nicht zu denken! Diesmal haben sie einen entsetzlichen Krawall veranstaltet, zehnmal mehr als vorgestern. Wenn das so weitergeht, wird ganz Paris die Flucht ergreifen: Es gibt massenhaft Opfer und haufenweise eingestürzte Häuser. Erhebliche Schäden,

darunter auch ganz in der Nähe von Saint-Louis beim Luxembourg. (Wir waren von Bomben eingekesselt.)
N.B. Ich lebe noch.
Sieben Bomben auf den Boulevard Saint-Germain, 3 aufs Kriegsministerium in der Nähe der Rue Saint-Dominique, direkt gegenüber von Tantes Wohnung.

17. [Bourg-la-Reine, Lycée Lakanal, 1918[42]]

Meine liebe Maman,

es geht mir gut, ich habe gestern einen Brief von Dir erhalten.
Es geht uns hier nicht so schlecht, obwohl uns das Lycée Saint-Louis zu unserer Begleitung seine unleidlichsten Aufpasser beigegeben hat.
Auch einen Park gibt es, aber es ist verboten, ihn zu betreten. Glücklicherweise sind die Höfe riesig, mit Bäumen bepflanzt usw.
Monsieur Corot[43] ist wirklich ganz phantastisch. Ich habe Hoffnung. Glaubst Du, dass ich bestehen werde?
Madame Jordan hat mich für Samstagabend eingeladen, und ich kann auch dort schlafen. Das ist für mich sehr angenehm. (Meine Schrift ist scheußlich: ich bin sehr in Eile.)
Ich bin nicht allzu melancholisch, freilich mehr als in

---

42 Die älteren Schüler des Lycée Saint-Louis waren nach Bourg-la-Reine evakuiert worden. Einer der Gründe für diesen Ortswechsel war ihre Gewohnheit, auf die Dächer zu klettern, um die Bombardements zu betrachten.
43 Mathematiklehrer, der den Vorbereitungskurs für die Marineakademie leitete.

Paris, wegen der Isolierung, der wir in diesem riesigen Gebäude ausgesetzt sind.

Es besteht, glaube ich, die Möglichkeit, ein eigenes Zimmer zu bekommen. Schreib doch auf alle Fälle in Deinem nächsten Brief: „Bitte doch um ein eigenes Zimmer; ich bin damit einverstanden!" Ich werde dann gegebenenfalls Deinen Brief verwenden, denn es ist besser, man hat einen Brief in Reserve, damit ich an dem Tag, an dem sie uns eins anbieten, bestimmt eins bekomme, weil ich mich mit als Erster gemeldet habe, obwohl die Zahl beschränkt ist. Dieser Tag steht übrigens nahe bevor.

Es ist trübes Wetter und keineswegs warm. Im übrigen habe ich, glaube ich, an Kleidung und Wäsche alles, was ich brauche. Ich muss bloß eine neue Krawatte haben, und die werde ich mir Sonntag kaufen.

Wie geht's Dir? Hoffentlich ist es in Deinem Lazarett nicht zu anstrengend. Hast Du die Bilder? Schicke sie mir doch, und, wenn's geht, in Vergrößerung. Ich war bei Schaefer[44], der mir einen zu dunklen, aber nicht üblen Abzug zeigte (sie werden noch hellere machen), Samstag gehe ich wieder hin.

Tante Rose ist weiterhin reizend, und das reizendste an ihr, wenn man einmal von den geistigen Qualitäten absieht, sind ihre Teestündchen, am Sonntag bin ich bei ihr zum Tee, und ich schwöre Dir, dass ich dann Butter im Bauch habe, die für die ganze Woche reicht... sie ist köstlich, frisch und schmilzt auf der Zunge.

---

44 Fotograf, der von einer Aufnahme François de Saint-Exupérys auf seinem Totenbett, die Antoine gemacht hatte, mehrere Abzüge herstellte.

Soviel zum leiblichen Wohl Deines Sohnes, der gut isst, gut schläft und gut arbeitet.

Antoine

18. [Lakanal, Juni 1918]

Meine liebe Maman,

ich hoffe, es geht Dir gut, ich hätte so gern einen Brief von Dir. Wenn Du wüsstest, wie Du mir fehlst: Kommst Du mich besuchen?
Ich glaube, dass ich morgen, Sonntag, kein Ausgehverbot habe. (Nur vier von zwanzig dürfen in die Stadt.) Diese Woche wurden 208 Arreststunden verhängt!
Heute Abend ist schönes Wetter, und so kann man sich todsicher gefasst machen auf Gothas, Wecken, Luftschutzkeller. Ich möchte, Du wärest hier, um einmal das Sperrfeuer zu hören. Man hat den Eindruck, mitten in einem Orkan zu sein, in einem Meeressturm, es ist prächtig. Nur darf man sich nicht draußen aufhalten, denn überall fallen Splitter, die einen zerfetzen würden. Wir haben im Park welche gefunden.
In Bezug auf Monot folgendes:
Schick sie Freitagabend. Dann kommt sie Samstag früh an, und Samstagabend habe ich Ausgang. Ich werde sie bei Madame Jordan abholen. Wir essen dann zusammen zu Abend, gehen danach ins Theater, und am nächsten Morgen, Sonntag, fahren wir zusammen nach Le Mans.
Wegen ihrer Übernachtung Samstagabend kann ich mit Tante Rose sprechen; es findet sich gewiss eine Möglich-

keit. Antworte nur bitte so schnell wie möglich, damit ich die Theaterkarten reservieren kann (für nicht zu teure Plätze). Könntest Du mir infolgedessen den folgenden Brief schreiben (Tante Rose bittet mich inständig, nach Le Mans zu kommen): „Frage Herrn Corot, ob er Dir nicht erlauben könnte, nach Le Mans zur Hochzeit Deiner Cousine zu fahren; es wäre mir lieb, wenn Du Deine Schwester begleiten könntest."

Man scheint zu befürchten, dass die Boches dieser Tage Paris einnehmen könnten; in allen Zeitungen ist davon die Rede. Wenn sie tatsächlich kommen sollten, würde ich mich zu Fuß davonmachen (ein Versuch, mit dem Zug zu fahren, wäre sinnlos), aber es ist recht unwahrscheinlich.

Unser Leben in Lakanal ist nicht allzu langweilig. Wir haben jetzt ...

(Der Schluss des Briefes ist verloren gegangen)

19. [Besançon, 1918]

[Zeichnung]

Meine liebe Maman,

etwas sehr Trauriges ist passiert: General Vidal wurde in den Ruhestand versetzt, da er die Altersgrenze ohnehin schon überschritten hatte. Am 15. September wird er Besançon verlassen.

Obwohl das zwangsläufig so kommen musste, werden ihm alle nachtrauern. Madame Vidal, er selbst und alle anderen beteuerten mir gegenüber, dass sie sich sehr

La nymphe du foyer
se chauffe les mains
un soir d'hiver.
Il rêve .... aqui

la nymphe du foyer.

Je viens de recevoir une très gentille lettre de Cowl
qui m'encourage, j'adore cet homme.
Je suis très perplexe me demandant si je ne vais
pas m'engager ces jours-ci pour être incorporé de suite
j'attends d'ailleurs une réponse du ministère de
la marine ♀. Au fond je crois que c'est
aussi bien d'attendre le
15 octobre date probable
de l'appel.
Ça me fera si bien
d'aimer de vous voir
au mois
de septembre.
Pour le moment je travaille

Je crois deviner à
qui elle rêve ...

freuen würden, Dich vor ihrer Abreise noch hier zu sehen.
Danke für Deinen Brief. Hast Du meine wichtigen Papiere? Es ist höchste Zeit! Schickt sie schnell los, danke; es ist absolut dringend.
Die Hausnymphe wärmt sich die Hände und träumt... von wem?
Es ist ein Winterabend.

[Zeichnung]

Die Hausnymphe

Soeben erhielt ich einen sehr liebenswürdigen Brief von Corot, der mir Mut zuspricht. Ich verehre diesen Mann.
Ich bin mir unschlüssig, denn er fragt, ob ich mich nicht jetzt schon freiwillig melden wolle, um sofort eingegliedert zu werden. Ich erwarte noch eine Antwort vom Marineministerium. Im Grunde meine ich genauso gut den 15. Oktober abwarten zu können, da die Einberufung zu diesem Zeitpunkt erwartet wird.
Ich freue mich doch so auf Deinen Besuch im September.

[Zeichnung]
Ich glaube zu erraten, von wem sie träumt...

Ich pauke weiterhin Boche und Mathe. Die übrige Zeit plaudere ich über Kunst mit dem Bildhauer Guénod,

toujours mon cocher et aussi mes maîtres.
le reste du temps je parle art avec le sculpteur
Gunod qui vous avez du nid, ici, on fait des
vers mais
j'ai peur
se temps.

allons nous promener a gevrienr...

a gevrieus... l'infidele !

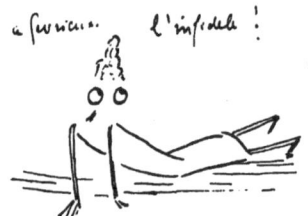

dans gevrieus deviens pas
devint mon ami !
Ramie

dessen Bekanntschaft Du hier gemacht haben dürftest, und wir schmieden auch Verse, aber ich habe wenig Zeit.

[Zeichnung]
Lass uns doch einen Ausflug nach Gévrieux machen …

[Zeichnung]
In Gévrieux: Der Treulose!

[Zeichnung]
Im öden Gévrieux, wie groß ward mein Verdruss!
Racine, <u>Andromaque</u>

O Ariadne, Schwester, welch Geschick
Hat Liebe dir am öden Strand bereitet.
Racine, <u>Phèdre</u>

Am Sonntag werden Madame Vidal und weiß nicht wer und ich einen großen Ausflug machen. Du möchtest Einzelheiten wissen, was ich so treibe, aber ich arbeite ständig, und das ist wenig abwechslungsreich …
Ich verlasse Dich jetzt, um Algebra zu treiben. Ich umarme Dich von ganzem Herzen.
Dein getreuer Sohn,
Antoine

20. [Besançon, 1918]

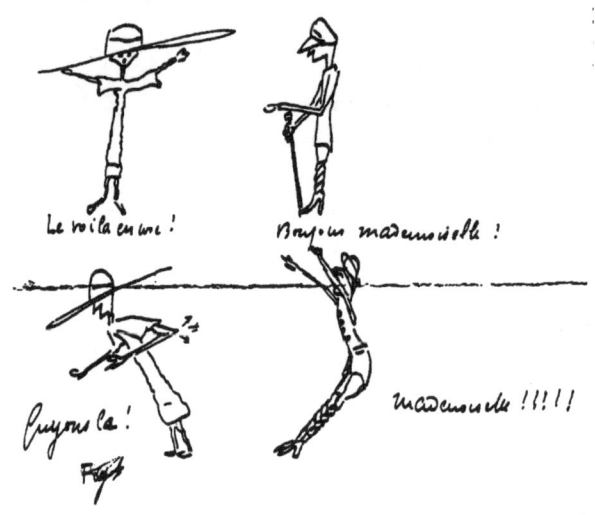

Meine liebe Maman,

der große Tag ist da: Morgen werde ich gemustert. Ich soll in die Artillerie eingegliedert werden, als Anwärter auf die Elitehochschulen, und am 15. Oktober einrücken.
Mein Kommandeur wird mir die Genehmigung erteilen, meine Studien fortzusetzen und weiterhin Kurse an Saint-Louis zu besuchen (das muss er eigentlich nicht). Schaffe ich die Aufnahmeprüfung in die Marineakademie, wird alles bestens sein; lässt man mich durchsegeln, werde ich mich bei den Jägern bewerben, was, dem General zufolge, ganz einfach ist, zumal man dort sein Bataillon wählen kann, was auch recht einfach sein soll:

Dort träfe ich auch wieder mit etlichen Kameraden zusammen, da wir beschlossen haben, uns, wenn's hier schiefgeht, um das gleiche Jägerbataillon zu bewerben. Und wenn es dort klappt, werde ich, sofern man mich lässt, die Fliegerei wählen. Kurzum, ab 15. oder 30. Oktober werde ich Soldat sein.
[...]
Natürlich habe ich in puncto Boche große Fortschritte gemacht, aber da ich ja von null anfing, habe ich viel zu pauken. Inzwischen halte ich es aber immerhin für ziemlich sicher, dass ich kein „ungenügend" bekomme, was schon enorm ist.
In Physik bin ich in „Optik" schon recht firm, „Magnetismus" muss ich allerdings wiederholen. Wie das alles ausgehen wird, weiß ich nicht. Jetzt beginnt die Ära des Großen Unbekannten...

Ich hoffe, es geht Dir gut und Du übernimmst Dich nicht.
Wie geht es Mimma? Erholt sie sich?
Ich umarme Dich aus ganzem Herzen.

Dein getreuer Sohn,

Antoine

Ich habe die Musterung überstanden, wo man mich von Kopf bis Fuß in Augenschein nahm. Etwa 30 Kandidaten im Adamskostüm vor einer auf einem Podium sitzenden Jury. Natürlich wurde ich für tauglich befunden und sogar beglückwünscht.

21. [Besançon, 1918]

Meine liebe Maman,

hast Du meine Papiere? Ich brauche sie sehr dringend.
Wie geht es Dir, ich hoffe, Du bist wohlauf und kommst doch noch eines Tages per Zug nach Besançon...
In Deutsch mache ich recht gute Fortschritte. Für heute habe ich mir zusätzlich die Reparatur meiner Schrankkoffer vorgenommen, und außerdem schmiede ich ein paar Verse.
Dass ich so grauenvoll und zickzack schreibe, liegt daran, dass ich auf einem Knie schreiben muss, und das ist bei weitem die unstabilste Position.
Monot schrieb mir, wie die Liebeleien des edlen und liebenswürdigen Chevalier de La Poisette zu Ende gehen. Was für ein Mann! Trotz allem, toll...

car si les rêveurs en buvaient ils entendraient chanter, ils en resteraient blancs (comme à Paris).
Réflexion faite j'ai beaucoup d'esprit.

Une des plus belles choses de cette maison (où je viens de souper) mes-tu rien comment est-ce — ?

Spécimen d'homme

Je vous prie, mes dessins sont trop affreux et je suis trop mal pour cela.
Je vous embrasse à tous avec cœur
Votre plus respectueux
Jules

Von Bonnevie bekam ich einen Brief, er hatte sich freiwillig melden wollen, wurde aber nicht genommen: Wenn ich durchsegele, werden wir versuchen, ins gleiche Regiment zu kommen, denn beim V. Artillerieregiment will ich ja nicht bleiben, es sei denn, er käme auch hinein, aber die Artillerie lockt mich nicht sonderlich. Vielleicht bestehe ich ja auch, und dann ... geht's auf nach Brest (1/4 – Fahrschein).

Die Vidals sind nach wie vor reizend zu mir. Madame Vidal, bei der ich Sonntag zu Mittag aß, hat mit mir und einer Madame von ich weiß nicht mehr einen Ausflug in die Umgebung gemacht und hatte ein übrigens exquisites Picknick eingepackt.

Was gibt es Neues aus Saint-Maurice? Gurrt sie oft, die kleine Däumlingin, und schmückt sie sich mit Gewändern so voller Geschmack und Eleganz, dass ihr sogar die Straßenlaternen nachlaufen würden: und das ist schlimmer als bei Orpheus. Nur wäre es bei ihr nicht der Gesang, denn hörten die Laternen sie singen, würden sie sich blau färben (wie in Paris).

Wenn man's recht bedenkt, bin ich doch sehr geistreich.

Einer der schönsten Sterne dieses Hauses, nach der Natur skizziert. Wie findest du es?

[Zeichnung]
Modell eines Mannes.

Ich verlasse Dich. Meine Zeichnungen sind zu scheußlich, und ich bin nicht in Form, um zu schreiben.
Ich umarme Dich aus ganzem Herzen.
>Dein getreuer Sohn,
>>*Antoine*

22. [Paris, 30. Juni 1919]

Meine liebe Maman,

ich bin zurück in Paris, wo ich Deinen Brief erhielt. Deinem [...] werde ich telegrafisch antworten. Ich wäre so glücklich, Dich wiederzusehen und ein wenig allein mit Dir zu sein. Ich spüre, dass Du krank bist, und das macht mich untröstlich. Fällt das Fieber allmählich?
Eine großartige Idee: Wir beide auf einem Gipfel. (Wie man in der Schweiz sagt: „Was wäre dies für ein Gipfel?") Die Alpen? Der Mont Blanc? Du könntest zeichnen und Aquarelle malen. Außerdem würden wir großartige Theaterstücke entwerfen... und... und... so vielerlei. Und vor allem würdest Du wieder zu Kräften kommen!
Solltest Du Dich vor meiner Ankunft in die Höhen erheben, schreib mir, wohin Du fährst, damit ich nachkommen kann.
Gestern war ich mit Louis de Bonnevie im Grand Guignol, ein makabres Stück, wie sich's dort gebührt. Das Schlussbild (hervorragend dargestellt), ein nach allen Regeln der Kunst ausgeführtes Harakiri in Verzückung.

C'est assez cocasse !
Je ne sais plus Pacha
quoi vous dire.

Du erwähnst einen Brief von Monot, hast Deinem aber nichts beigefügt...

Angeblich ist Onkel Guillaume in Saint-Maurice, wirst Du ihn nicht sehen?

Warm ist es nicht gerade in diesen Tagen, aber ich würde lieber gekocht, gebraten, geröstet werden und Dich in einer heilsamen Atmosphäre wissen! Frierst Du immer noch so sehr?

Zum Geburtstag (gestern wurde ich 19) schrieb mir die Zweite der Menthon-Töchter einen 4 Seiten langen Brief mitsamt Fotos, Bildern etc. Ja, am ersten Friedenstag wurde ich 19... Irgendwie komisch!

Ich weiß Dir nichts mehr zu erzählen.

[Zeichnung]

Ich kann nicht zeichnen... Verflixt!

Daher verlasse ich Dich jetzt, da ich wahrlich nichts mehr zu erzählen habe.

Dein getreuer Sohn,

Antoine

Ich umarme Dich ganz fest.

23. [Paris, 1919]

Meine liebe Maman,

seit zwei Wochen habe ich nun schon von niemandem Post.

Merkwürdig, diese Perioden, wo alle, ohne einander zu kennen, sich verschworen zu haben scheinen.

Mir geht es gut, leide momentan nicht sonderlich unter

Missmut, bin nur ziemlich beschäftigt. War quasi ständig bei Tante Churchill[45], die mir ausnehmend gut gefällt. Donnerstag war ich zum Abendessen bei den Jordans, morgen bin ich zu Mittag bei Bonnevies, Donnerstag in Asnières, Sonntag in acht Tagen bei Vidals, die ich kürzlich aufsuchte. Ich habe ein paar Verse geschrieben, auch ein etwas längeres Gedicht, das man [?] findet, und noch ein oder zwei recht ordentliche Sonette, aber da ich anderes zu tun habe, schiebe ich dies in die mir einst von Dir geschenkte Löschblattmappe!
Auf der Geige mache ich stetig Fortschritte und wage mich nach und nach an Chopins Nocturnes. Eines ist recht schwierig, aber ich spiele es schon recht gut. Eine Pracht: das XIII.
Ich hoffe, dass Tante sich erholt hat; heute Abend werde ich wohl einen Brief von Dir bekommen, denn ein verflixter Teufel macht sich einen Spaß daraus, unsere Briefe sich kreuzen zu lassen.
Vielleicht bist Du ja abermals in den Süden gefahren?
Morgen bin ich also zu Mittag bei Bonnevies. Diese lieben Menschen nehmen mich ins Theater mit. Ich hoffe, es wird Die Schöne Helena sein, aber ich weiß es noch nicht.
Was treibt Monot? Auch von ihr nicht mehr Post als von den anderen… Von mir dürfte sie allerdings auch nicht viel mehr bekommen haben, es sei denn, ich sei Schlafwandler und schriebe ihr im Schlaf.
Der kleine Baudelaire-Band, den Du mir geschenkt hast,

---

45 Amicie de Saint-Exupéry, Gemahlin von Syndney Churchill.

ist zu einem vertrauten Freund geworden. Doch mein altes zerfetztes Exemplar hatte auch seinen Vorteil, es öffnete sich von selbst an der gewünschten Stelle. Macht der Gewohnheit. Es fürchtete keine Meditationen mit hängendem, triefendem Kopf bei Prasselregen im Bois de Boulogne, doch nach und nach vergesse ich es zu Gunsten Deines Juwels, in dem Baudelaires subtile Wortfindungen ihren würdigen Rahmen finden... Was für ein gelungener Satz...! Sollte ich schwülstig werden?

Momentan bin ich recht zufrieden mit mir. Erstens bin ich nicht trübsinnig. Und zweitens arbeite ich, was mir ein gutes Gewissen verschafft, und schließlich entdecke ich unwillkürlich immer wieder etwas, das mich in bisher unbekannte Ekstasen versetzt. Eine Note bei Chopin, ein Vers bei Samain[46], ein Buchrücken bei Flammarion, ein Diamant in der Rue de la Paix, was weiß ich. Nach meiner Gelbsuchtmelancholie denke ich einfach an Samains Vers:

„Dich jung und jungfräulich zu entdecken wie eine Welt."

Möglichkeiten zu künstlerischer Emotion entdecke ich sogar in der Art, wie ich einer Mathematikstunde beiwohne, und ich kann Dir ein Heft mit analytischen Funktionen zeigen, wo die Gliederung des Textes, die

---

46 Albert Samain (1858-1900), Dichter, bekannt geworden durch die Sammlung *Au jardin de l'infante* mit besonders poetischen Sonetten und Elegien. (Anm. d. Übers.)

Harmonie der Titel, die feinsinnige Eleganz der Figuren an eine Kunstbuchedition voller seltsamer Arabesken erinnern. Und die bipolare Strophoide, die nur eine armselige Kurve 4. Ordnung war, sich auf das subtile Niveau eines Schmuckmotivs erhebt.

Mein Kunstbuch – das echte, mit den Pinienzapfen – hat einen gewissen Erfolg. Man findet, ich hätte Stil. Man findet ebenfalls, wie ich Dir schon sagte, meine Verse „Die Schönheitspilger" recht beachtlich, Sonntag in acht Tagen werde ich sie den Vidals vortragen.

Außerdem bietet das Leben ja wirklich erfreuliche Tage. Ich habe sympathische Kameraden, denen ich auch sympathisch bin. Sie sind geistreich, und „Sabran-ähnliche" Geistesblitze versetzen mich ebenfalls in Ekstase. So diskutierten wir über das prosaische Thema Läuse und wie man sie loswerden könne. „Ganz einfach", befand einer von uns mit Magistermiene, „du schneidest Kopf- und Körperhaare in Treppenform und ziehst das Geländer weg, dann fallen sie auf die Sch..." Reizend... Attisch ist's nicht, aber reizend.

Wie geht's Biche...? Ich nörgelte damals in Lyon, aber im Grunde war ich höchst geschmeichelt, wenn ich allein mit ihr ausgehen durfte... und sie geriet mir ja auch wahrlich zur Ehre: Ihr Mantel besaß einen gewissen Chic... und hässlich, potthässlich, ungemein hässlich war sie ja auch nicht... Gib ihr einen Kuss von mir.

Ich habe mir angewöhnt, täglich ½ Stunde Geige zu spielen... So hoffe ich ein paar Fortschritte zu machen... Ah, geigen zu können... Stell Dir vor, ich habe ein seltsames und betrübliches und düsteres Stück komponiert... und es gefällt mir recht gut. Ich spiele es allerdings nur, wenn ich allein bin, man darf ja nie riskieren, dass die Leute in Ohnmacht fallen, das kann fatale Konsequenzen haben in diesen Zeiten lethargischer Enzephalitis. Wobei dahingestellt bleibt, ob sie durch ein Übermaß an künstlerischer Emotion oder ein Übermaß an Schauerlichem ohnmächtig würden.

Sabran habe ich per Luftpost geschrieben... Der Luftverkehr mit Marokko funktioniert. Wenn man <u>abends</u> einen Brief aufgibt, ist er am nächsten Abend in <u>Rabat</u>!!

Auf Wiedersehen, geliebte Maman. Entschuldige meine Schrift, ich habe alle meine Schnelligkeitsrekorde gebrochen...

Ich umarme Dich wie ich Dich liebe.

              Dein getreuer Sohn

                       Antoine

24.   [Paris, 1919-1920]

Meine liebe Maman,

ich bin bei Madame Jordan und schreibe Dir von dort. Heute zum Abendessen bei Trévises. Nächsten Sonntag Mittag ist Treffen der Ehemaligen von Saint-Jean.

Wie geht es Dir, Mamachen? Kannst Du mir möglichst oft Nachrichten geben über Monot? Das arme Ding... Wie geht es ihr?

Mein Büffeln lohnt sich. Meine letzten Noten im Mündlichen sind 12, 14, 14, in Mathe klappt's recht gut.

Mit einem meiner Freunde habe ich mir nochmals den

Jardin des Indépendants angeschaut. Einiges taugt ja was, aber auch was für Scheußlichkeiten. Besonders abstoßend sind vor allem die modernen Bilder aus den Akademien. Man könnte meinen, vor einem Metzgerladen zu stehen: Nichts Künstlerisches, keinerlei Rhythmus in der Linienführung: eine gewaltige Masse Fleisch. [...]
Ich habe ein weiteres Gedicht verfasst, „Die Wahrheitspilger", das meine Kameraden begeistert. Aber ich warte noch, bis ich es etwas kundigeren Menschen als diesen netten Burschen zeigen kann, wenn ich auch weiterhin verspreche, dem einen oder anderen ein paar Zeilen handschriftlich zu überlassen, weil ich ehrlich gesagt nicht einmal Zeit habe, für mich selbst eine Reinschrift anzufertigen... Vielleicht schaffe ich es ja in den Ferien. Ich bin zufrieden, weil ich glaube, mit meinen letzten Gedichten die Latte höher gelegt und den Sprung geschafft zu haben.

Ich glaube, dass ich zu einem getreuen Jünger Samains werde, oder eher doch nicht, denn ich möchte ihn keinesfalls in ein bestimmtes Genre pressen, will nur sagen, dass sein Le Chariot [...][47] mich mehr und mehr begeistert.

Vorigen Sonntag aß ich zu Mittag bei Onkel Hubert und sah mir danach Henry Batailles La Vierge folle[48] an: Ein außergewöhnlich ergreifendes Stück – fast quälend –

---
47 *Le Chariot d'or*, veröffentlicht 1901. (Anm. d. Übers.)
48 Henry Bataille (1872–1922), erfolgreichster französischer Dramatiker seiner Zeit, geschult an Ibsen und Maeterlinck. *La Vierge folle* (1910). (Anm. d. Übers.)

und genial. Henry Bataille ist ein echtes Bühnengenie. Bernstein[49] und er sind meines Erachtens großartige Autoren. Ich werde es bestimmt auch mit Theater versuchen, das finde ich spannend, denn es ist eine großartige literarische Gattung, um die Kraft der Gefühle zu verdichten. Für die Komplexität der Gedanken ist es ja weniger geeignet, hier müssen sie eher allgemeiner Natur sein, um in diese Struktur zu passen.

Ich las in weiß nicht mehr welcher Zeitschrift: „Ich kann mir schwerlich Kant oder Monsieur Boutroux[50] vorstellen, wie sie sich Theaterstoffe ausdenken." Meiner Meinung nach konfrontieren Autoren wie Bernstein oder Bataille den Zuschauer mit einer Idee, die in geraffter Form eine „Feststellung", eine „Situation" ist. „Man kennt einander nie, selbst wenn man sich zu lieben glaubt, der Mensch bleibt in sich beschlossen." Bernstein, Le Secret.

„Es gibt im Leben unauflösbare Situationen, weil sie vom angestammten Denkmuster abweichen." Bataille, La Vierge folle.

Ich habe Überlegungen angestellt über den angeblichen Zusammenhang von Genie und Wahnsinn, und habe Lust, sie niederzuschreiben. Mich dünkt, da spielt man mit Worten, mit dem Wort Wahn.

Wenn Wahnsinn Inkohärenz des Geistes, Unfähigkeit zur Synthese ist, dann scheint mir das doch außeror-

---

49 Henry Bernstein (1876–1953), als Satiriker außerordentlich erfolgreicher Boulevard-Autor. (Anm. d. Übers.).
50 Émile Boutroux (1845–1921), Philosoph, ab 1892 Lehrer an der Sorbonne (Naturwissenschaft und Religion, Moral und Erziehung, Philosophiegeschichte etc.). (Anm. d. Übers.).

dentlich weit entfernt vom Genie, das doch gerade die Fähigkeit ist, eine kohärente geistige Assoziation herzustellen und darauf eine Synthese aufzubauen.
Wenn allerdings die geistigen Assoziationen zu weit auseinander liegen und das intuitive Genie auf gedankliche Vermittlung verzichtet, dann mag auch seine Synthese inkohärent erscheinen, aber dann ist der Wahnsinn, wenn es ihn denn gibt, nicht mehr eine Abfolge von Widersprüchen, sondern gehört in ein gänzlich anderes Gedankenschema und müsste eine andere Bezeichnung bekommen, aber mir fehlt die Zeit, Dir meine Theorie darzulegen, außerdem habe ich sie im Moment auch nicht so ganz im Kopf präsent.
Ich würde Dir so gerne etwas Aufheiterndes erzählen, aber ich weiß wirklich nichts sonderlich Lustiges.
Ich las gerade ein Sonett von Henri de Régnier[51], wirklich gut. Thema sind die 12 Monate des Jahres. Elf sind vergangen, die ihm nichts als Enttäuschung und Trauer gebracht haben, aber dann kommt der Dezember:

„... was bringst Du mir in meine Nacht?
Sie, ihre verlogenen Hoffnungen sind nurmehr Schatten
Aber Du! Sollte mir heute aus Deiner Augen dunklen Matten der Stern des Glücks aufleuchten, sacht?"

Louis sehe ich recht häufig. In den nächsten Tagen werde ich wieder bei Sabrans Besuch machen: Wie bedauer-

---

51 1864–1936, Lyriker und Erzähler, wird den Symbolisten zugeordnet. (Anm. d. Übers.)

lich, dass Marc[52] in Marokko ist: Was für einen Freund hatte ich doch an ihm!

Wirst Du nach Paris kommen? Ich verstehe ja Deine Verwirrung inmitten all dieser Sorgen und dieser vielfältigen Anforderungen, die das Leben stellt. Aber um mich brauchst Du Dich wenigstens nicht zu sorgen: mir geht es gut, bin nicht deprimiert und arbeite fleißig.

Ich verlasse Dich jetzt, geliebte Maman, und umarme Dich aus ganzem Herzen, so wie ich Dich ja auch liebe. Einen Kuss auch für die arme Simone.

    Dein getreuer Sohn,

        Antoine

Könntest Du mir noch heute telegrafisch etwas überweisen, damit ich Dienstag ausgehen kann?
Schuhwerk – Gummimantel – Taschengeld.

25.
[Paris, 1919]

Meine liebe Monot[53],

danke für Deinen Brief von vor einem oder zwei Monaten, den ich schleunigst beantworten will. Ich weiß nicht mehr recht, ob Du mir darin Fragen gestellt hast, daher gehe ich gleich zur Tagesordnung über.

Ja, ich pauke für Centrale: unmöglich, für dieses Examen gewappnet zu sein, da ich doch noch nie
  eine Maschine

---

52 Marc Sabran, Schulkamerad auf der École Bossuet (1917). Die Familien waren seit der Zeit in Lyon befreundet.
53 Kosename der Schwester Simone

einen Architekturentwurf
oder so vertrackte Chemieformeln
gezeichnet habe. (Das Chemie-Pensum war ohnehin
schon gewaltig.)
2. Für Navale kann ich mich gar nicht melden, da ich
mich mit dem Prüfungsstoff überhaupt nicht befasse.
Na ja, man muss Fatalist sein.
Letzten Donnerstag habe ich mit Yvonne de Trévise, die
das reizendste Wesen ist, das ich kenne, originell, feinsinnig, intelligent, in jeder Hinsicht anderen überlegen
und dazu noch überaus nett, einen großen, 30 Kilometer
weiten Ausflug gemacht. Wir unternehmen immer wieder Ausflüge miteinander, und eventuell wird sie mich
regelmäßig Freitag Abend in ihre Loge einladen... eine
schöne Abwechslung von ewiger Mathematik... Zweimal nacheinander war ich bei den N... eingeladen. Mittagessen, Musik, Poesie und Theater. Sie haben mich
alle liebenswürdig, entgegenkommend und äußerst
herzlich aufgenommen, ABER... aber (und das behalte
für Dich) ich begreife gar nicht mehr, wie ich zwei Wochen lang für Jeanne schwärmen konnte. Ich glaube, sie
war das erste junge Mädchen, das mich ein bisschen hofierte (Madeleine de Tricaud hat mich diesbezüglich nie
verwöhnt), und das dürfte mein schwaches Herz gerührt
haben.

> Ich sagt' dir, mein Herz, mein schwaches
> Herz etc.   Musset

Inzwischen bin ich ganz mutlos wegen dieser Schwärmerei, die doch nur vorübergehend war, die mich aber an mir selbst zweifeln lässt: denn das passt doch ganz und gar nicht zu mir.

Ich finde sie auch eher abstoßend als anziehend. Z. B. mag ich allzu korpulente Frauen nicht, und diese wiegt, ohne Übertreibung, einfach ein bisschen zu viel für meinen Geschmack. Auch ihr Lächeln ist nicht mein Ideal. Kurz gesagt, ich bin von meinem ersten Eindruck abgerückt, der ja ohnehin nur von kurzer Dauer war. Sie geht mir sogar ein ganz klein bisschen auf die Nerven, als Reaktion, vermute ich, aber abgesehen von diesem speziellen Aspekt, sind beide richtig nett und liebenswürdig und eine reizende Gesellschaft. Aber meine Vorliebe gilt nach wie vor Madame de N…, sie hat „Klasse", ist intelligent, allem gegenüber aufgeschlossen und besitzt noch tausenderlei Qualitäten, die aus ihr unbestreitbar eine Dame von Welt machen.

Im Umfeld der Jordans lerne ich tanzen. Es ist dieses wohlhabende und wohlanständige Protestantenmilieu mit exquisiten Beziehungen, aber ein richtig hübsches junges Mädchen sehe ich dort nicht, nicht einmal annähernd so hübsch wie die beiden M… in Lyon (die Du übrigens von mir grüßen sollst, vor allem die Jüngere, doch charmant sind sie beide). Bei denen, die ich hier zu sehen bekomme, erkenne ich beim besten Willen keinerlei „Klasse", obwohl etliche doch „aus gutem Hause" stammen. Vielleicht wirken sie ein wenig zu sehr wie Engländerinnen…

Mit Ausnahme des Boston, eine magere Ausbeute, finde ich all diese modischen Tänze entsetzlich… den Tango vielleicht ein bisschen weniger, wenn man so will…!

Aber Psst! ... Soll ich's Dir verraten? Wie zwei miteinander tanzende Schemel. Und das ist so unästhetisch wie nur möglich.

Wenn ich erst Ingenieur und Schriftsteller sein und viel Geld verdienen und drei Autos besitzen werde, dann fahren wir beide im Auto nach Konstantinopel, das wird hübsch werden. Mit dieser hoffnungsvollen Aussicht verlasse ich Dich jetzt, und schreib mir.

Dein Bruderherz,
Antoine

26. [Paris, 1919]

Meine liebe Maman,

hab Dank für Deinen Brief. Er hat mich so gefreut. (Ich kann nicht mehr schreiben, denn ich habe eine neue Füllfeder, die sich an meine Schrift noch nicht gewöhnt hat. Habe die andere zerbrochen.) Entschuldige also dieses Gekrakel.

Es geht mir gut, bin nur sehr müde und werde mich 8 Tage in Le Mans erholen. Die mündliche Aufnahmeprüfung für Centrale wird in etwa 2 Wochen oder später stattfinden. Ich werde mich der Prüfung stellen, aber eher aus Neugier und ohne die geringste Illusion. Ins Mündliche kommt jeder. Im Schriftlichen dürfte ich einen Durchschnitt von 2 erreicht haben.

Louis, der besser abgeschnitten hat als ich, findet es sogar unnötig, zum Mündlichen anzutreten und schert sich schon gar nicht mehr um dieses Examen.

Ich meinerseits pauke recht gern weiter bis zum Schluss, aber nicht um des Examens willen, das ohnehin im Eimer ist.

Ich schreibe Dir von Yvonne[54] aus, die mich heute Abend logiert, bevor es nach Le Mans geht. Die Bonnevies treffe ich recht häufig [...], was Louis anbetrifft, er ist ja ausnehmend charmant [...].

Gestern gab es eine riesige Studentenparade auf der Avenue de l'Opéra. Ich zählte 45 Autos, die wir an der Weiterfahrt hinderten. 45! Wir hatten uns einen tollen Trick ausgedacht: ein Strick von 1 Kilometer Länge, von Anfang bis Ende des Zugs: so kam kein Wagen irgendwo durch... war recht lustig.

Ich bin im Schriftverkehr mit Dolly de Menthon: diese Leute sind wahrlich reizend zu mir.

Beim Gedanken an Jeanne könnte ich Didis Ständchen

---

54 Yvonne de Lestrange, Duchesse de Trévise, Cousine zweiten Grades von Madame de Saint-Exupéry, war mit Antoine eng verbunden. Bei ihr, am Quai Malaquais, lernte er viele der namhaften Persönlichkeiten der Nouvelle Revue Française (N.R.F.) um André Gide und der literarischen Welt insgesamt kennen.

„Ist's wahr, du heiratest gar?" trällern und dabei Sturzbäche bitterer Tränen vergießen und mir notfalls auch mit einer Gilette-Klinge das Leben nehmen... aber nein... ich bin stark, ertrage mannhaft diesen brennenden Schmerz... Ach, da fällt mir ein, dass ich ihr ja ein Hochzeitsgedicht versprochen hatte. Das werde ich in Le Mans verfassen.
Ideales Wetter, doch in zu blauem Himmel ein paar zu weiße Wölkchen. Ein „Ständchen"-Himmel, Stich aus dem 19. Jahrhundert, Du weißt, woran ich denke.
Ideales Wetter, weil heute schön kühl! Ja, frisch! und wäre da nicht eine einstündige Sitzung beim Zahnarzt gewesen, hätte ich einen reizvollen Nachmittag gehabt. In 2 verschiedenen Konditoreien habe ich 2 Eis verschlungen. Das Eis und (wie es im Chanson heißt) das Kamel sind eindeutig die 2 besten Erfindungen des Schöpfers.
Dem Cousin de Trévise habe ich Verse vorgelesen, und er war wirklich patent und gab mir einen Haufen Ratschläge, die ebenso interessant wie originell und persönlich waren. Er ist hochgebildet, wusstest Du das?
Betrübt stelle ich fest, dass ich noch ein wenig Halsschmerzen habe. Wenn bloß dieses verteufelte Fieber nicht wiederkommt. Hätte wohl doch keine 2 Eis schlürfen sollen.
Ich schreibe Dir einen langen Brief, um Dir ein wenig Zerstreuung zu verschaffen und eingedenk dessen, dass ich ja auch, wenn ich krank bin, gerne lange Briefe bekomme von denen, die ich liebe. Und ich bin traurig, weil ich spüre, dass Du krank bist...

Ich würde Dich gerne ein bisschen zum Lachen bringen, aber ich weiß nichts wirklich Lustiges bei diesem Einerlei der letzten Tage und Nächte.
[…]
Ich habe mich ein wenig hier umgeschaut: ich befinde mich in Napoleons Abstellkammer – ein sehr schönes Gemach – wo sämtliche Nippfiguren diesen großen Mann verkörpern, in unendlich vielen unterschiedlichen Posen und wo jedes, auch das kleinste Möbelstück, mindestens fünfzig weitere Figürchen enthält.
Eines aus Porzellan habe ich hier vor mir stehen, es blickt mich mit wohlwollender Herablassung an. Für einen Großen Mann ist er ein wenig zu fett: ein Großer Mann darf a priori nicht fett sein: eine innere Flamme muss an ihm zehren; ein paar Meter rechts von mir steht einer zu Pferde, das Pferd bäumt sich auf, und Napoleon, der sieht so richtig feixend aus, was im Allgemeinen das Resultat von mindestens 4 Flaschen guten Weines aus dem Staatsfonds ist. Aber Napoleon nährte sich ja von Ruhm und Quellwasser, die zu dieser weinseligen Miene wohl nichts beigetragen haben dürften. Dieses Standbild schockiert meinen Sinn für historische Wahrheit.
Diese tausend Napoleons werden mich heute Nacht bestimmt heimsuchen. Der magere und hagere von links wird vor meinen halluzinierenden Augen noch weiter abmagern und verdorren, bis mir die Haare zu Berge stehen. Der Spaßvogel wird mir das Ohr lang ziehen und tausenderlei Faxen vollführen, die trotz seiner spöttischen Miene von süßem Verzicht geprägt sein werden.

Sollte ich nicht von ihnen träumen, wäre das ein Beweis für mein solides Nervenkostüm.
Yvonne präsentierte sich heute Abend in voller Schönheit. Sie spielte für mich eines meiner Lieblingsstücke von Chopin – was für ein Genie, dieser Chopin! –, und danach las ich ein paar Verse vor (aber das habe ich Dir ja schon erzählt).
Ich wäre sehr glücklich, eines Tages Deine Kriegserinnerungen lesen zu dürfen. Mach Dich ans Werk, geliebte Maman. Aber im Grunde, da Du ja eine Kunst, die Malerei, schon hast, was brauchst Du dann noch, anstatt Dich ihr zu widmen, Deine Kraft zu vergeuden mit Zeichen, die mir viel, viel kabbalistischer vorkommen als Mathematik?
Setzt Monot im saftigen Gras von Saint-Maurice wieder Speck an? Und Didi? Dieser Engel, wie glücklich muss sie sein, dass sie jetzt, im Schoße der Familie, sich wieder mit den dortigen Hühnern, Hunden, Kaninchen und Meerschweinchen befassen kann – und Monot mit ihren Italienern.
Gewiss, in puncto Manieren sind die Italiener überlegen, doch zu leben scheinen sie mir aus Ererbtem, und zu Schöpferischem unfähig. In den Bereichen Kunst oder Naturwissenschaft kommt doch nichts Weltbewegendes mehr von dort.
Soeben fällt mir auf, dass ich einen blassrosa Bettüberwurf habe. Das erinnert mich an Konditoreikonfekt und lässt mir das Wasser im Munde zusammenlaufen. Wie mich das freut, ein blassrosa Bett zu haben!

Hier ein vierter Napoleon, der mich recht nett anlächelt.

Der mir gegenüber

Imperator rex

Soeben wurde mir warmes Wasser für meine Abendtoilette gebracht: welch ein Luxus!
Ich weiß nicht mehr so recht, was ich Dir noch erzählen könnte.

Seit 5 Minuten ist es übrigens schon nurmehr beflissenes Gefasel.
Abschied nehmend umarme ich Dich aus ganzem Herzen – so wie ich Dich liebe.

> Dein getreuer Sohn,
>
> *Antoine*

Sensationelle Entdeckung!
Ich habe gerade erst gemerkt, dass der Napoleon mir gegenüber ein Krug ist und sogar einen Henkel hat, der wie eine Rückenflosse aussieht. Als hohler Krug verliert er gewaltig an Würde, das kannst Du mir glauben!

Imperator cruchus rex

----
b.w.

Inzwischen liege ich im Bett und habe einen abscheulichen vergoldeten Metall-Putto vor Augen, der an Napoleons Grab weint.

Ich muss jetzt schlafen und verlasse Dich angesichts dieser künstlerischen Darbietung eines Putto aus Goldblech!

27.
[Strasbourg, 1921[55]]

Meine liebe Maman,

ich habe gestern Deinen postlagernden Brief erhalten. Schreib mir in die Kaserne, bis ich sicher bin, dass ich täglich Ausgang habe, und dann schreib mir bitte an meine Stadtadresse.

Strasbourg ist eine ganz besondere Stadt. Mit allen Merkmalen der Großstadt; es ist weit mehr Großstadt als Lyon. Ich fand ein fantastisches Zimmer. Bad und Telefon der Wohnung stehen zu meiner Verfügung. Sie gehört einem Ehepaar, das in der elegantesten Straße Strasbourgs lebt: brave Leute, die nicht ein einziges Wort Französisch können. Das Zimmer ist luxuriös, Zentralheizung, warmes Wasser, zwei elektrische Lampen, zwei Schränke und Aufzug im Hause, alles für monatlich 120 Francs.

Ich besuchte Major de Féligonde, der reizend war. Er wird sich um meine Pilotenbewerbung kümmern. Es ist schwierig wegen zahlloser einschränkender Verfügungen. Jedenfalls nichts vor zwei Monaten.

Ich schreibe Dir aus der Kaserne (der Kantine). Seit heute Morgen irren wir von Magazin zu Magazin, um Kochgeschirr und Stiefel zu fassen, wobei uns ein gutmütiger und pausbäckiger Soldat betreut.

---

55 Nachdem Antoine im Jahr 1919 das Aufnahmeexamen für die Marineschule nicht bestanden und sich im Jahr 1920 auf die Kunstakademie (Abteilung für Architektur) vorbereitet hatte, wurde er auf seinen Antrag am 2. April 1921 dem 2. Fliegerregiment in Strasbourg, doch nur dem Bodenpersonal, zugeteilt. Er bemühte sich infolgedessen um Aufnahme in den aktiven Flugdienst.

Auf dem Flugplatz ist viel los. Jagdflugzeuge vom Typ Spad und Nieuport überbieten sich in akrobatischen Kunststücken.

Ich sah Kieffer, den ich, sobald die ersten acht oder vierzehn Tage vorüber sind, um Auskunft hinsichtlich des Architekturstudiums etc. bitten werde.

Der Flugplatz ist ein gutes Stück Wegs von Strasbourg entfernt. Wenn ich noch Zeit zum Arbeiten behalten will, werde ich eigentlich ohne ein Motorrad nicht auskommen können. Du hörst darüber noch von mir. Sobald ich es habe, werde ich mir das Elsass näher ansehen.

Fuhr in der Eisenbahn an Mulhouse, Altkirch und Colmar vorbei, sah den Hartmannswillerkopf (le Vieil Armand) von weitem. Auf seinem schmalen Gipfelplateau liegen 64 000 Gefallene.

Unterhaltung in Strasbourg: Die Aufführungen der Oper sind offenbar ausgezeichnet, wie mir Major de Féligonde sagte.

Mein Eindruck vom Militärberuf besteht darin, dass es streng genommen gar nichts zu tun gibt – zumindest in der Fliegerei. Man lernt grüßen, spielt Fußball und langweilt sich dann stundenlang, die Hände in den Hosentaschen und die erloschene Zigarette im Mund.

Nicht unsympathische Kameraden. Außerdem habe ich meine Taschen mit Büchern vollgestopft, so dass es nicht an Zerstreuung fehlt, wenn ich mich zu sehr langweile. Könnte ich nur schnell Pilot werden, dann wäre ich restlos glücklich.

Ich weiß nicht, wann man uns einkleiden wird. Es sind noch keine Uniformen für uns da. Wir laufen in Zivil herum und sehen idiotisch aus. In den nächsten zwei Stunden gibt es nichts zu tun. Nach weiteren zwei Stunden ebenfalls nichts, falls wir nicht von Platz A auf Platz B wechseln und vom Platz B zum Platz A, um sodann wieder den umgekehrten Austausch vorzunehmen; so hat man die Möglichkeit, wieder in der Ausgangsposition anzufangen.

Auf Wiedersehn, geliebte Maman. Insgesamt bin ich recht zufrieden. Ich umarme Dich, so wie ich Dich lieb habe.

Dein getreuer Sohn,
Antoine

28. [Strasbourg, Mai 1921]

Meine liebe Maman,

stell Dir vor, ich bin jetzt ... Lehrer, bevor ich als Flugschüler angenommen werde. Ab dem 26. Mai soll ich über Verbrennungsmotor und Aerodynamik theoretischen Unterricht abhalten. Ich werde ein Klassenzimmer haben, eine schwarze Tafel und einen Haufen Schüler. Danach werde ich <u>bestimmt</u> Flugschüler.

Im Augenblick – entgegen trügerischen, von anderer Seite vertretenen Ansichten – finde ich das Regiment ganz reizend.

Vor allem treiben wir jetzt nur Sport. Das Regiment ist eigentlich eine große Fußballschule. Man befasst sich auch mit Spielchen wie in der Schule (Völkerball, Bockspringen), nur mit dem Unterschied, dass diese Übungen befohlen sind, und dass man, wenn man schlecht

spielt, auf dem feuchten Stroh in der Arrestzelle übernachtet ... Andere Ähnlichkeit mit dem Gymnasium: „Soundso, Sie schreiben hundertmal ab: Beim Antreten geht man links vom Kompaniechef vorüber!"
Heute Abend: Impfung gegen Typhus.
Ich habe sympathische Stubenkameraden. Große Kissenschlachten. Ich genieße ihre Sympathie, was viel bedeutet, und teile mehr Stöße mit den Schlafrollen aus, als ich selber empfange.
Ich komme nochmals auf mein Lehramt zurück ... Schon komisch! Siehst Du mich als Lehrer!?
Ich esse mittags und abends in der Kantine mit Kameraden, von denen einer oder zwei reizend sind. Abends habe ich Ausgang um sechs Uhr, nehme bei mir zu Hause <u>ein Bad</u> und koche mir Tee.
Ich muss eine ganze Reihe ziemlich teurer Bücher für meinen Unterricht kaufen. Könntest Du mir Geld schicken, sobald Du diesen Brief erhalten hast?
Und könntest Du mir fünfhundert Francs monatlich schicken? Soviel gebe ich etwa aus.
Unser Hauptmann ist ein Hauptmann de Billy. Kennst Du ihn? Wenn ja, beschaffe mir eine Empfehlung.
Bist Du in Paris? Du solltest wirklich über Strasbourg heimfahren, eine ganz besondere Stadt. Sonst musst Du eben später kommen, und dann werde ich viel Urlaub haben, ich, als Lehrer ...
Das war's. Ich verlasse Dich.
Ich umarme Dich, so wie ich Dich lieb habe.

    Dein getreuer Sohn
      Antoine

Schick bitte stets das Geld in die Kaserne. (Die Briefe in die Stadt oder in die Kaserne.) Zweites Fliegerregiment Strasbourg Central, Bas-Rhin.

Dein getreuer Sohn
Antoine

29.
[Strasbourg, 1921]

Meine liebe Didi[56],

ich danke Dir sehr für Deinen Brief, der mir große Freude gemacht hat; vor allem war es mir lieb zu hören, dass es Deinem Hund gut geht, von dem ich heute Nacht geträumt habe.
Von jetzt ab schreib mir per Adr. Herrn Mayer, 12, Rue du 22 Novembre, Strasbourg (Bas-Rhin).

Es ist halb sieben Uhr früh. Hast Du es oft erlebt, dass ich zu so früher Stunde Briefe schrieb? Man steht um sechs Uhr auf, dann hat man frei bis um sieben, trainiert bis elf, isst zu Mittag, dann Freizeit bis halb zwei. Training bis fünf, Freizeit bis neun.
Das Training ist anstrengend: Laufschritt, Wendungen usw. in glühender Sonne. Manchmal hat man seinen Spaß: „Wer die Übung schon kann, vortreten! Na wird's bald ... hopp hopp! He, da hinten, zwei Tage Arrest!"
Fünf Minuten später: „Wer singen kann, vortreten ...! Schön, könnt ihr La Madelon singen? Singt sie euren

---

56 Didi ist der zweite Kosename seiner Schwester Gabrielle.

Kameraden vor ... Lauter! Himmelkreuz ... Zwei Tage Arrest für Sie, können Sie nicht lauter singen?"

„Na schön, jetzt kann's losgehen. Beim Kommando ›vier‹ singen alle mit. Himmelkreuzdonnerwetter! Sind Sie wohl still da hinten?"

„Rechts um, links um! Vorwärts marsch! Eins zwei, eins zwei! Alle singen! Eins zwei drei vier...!" Und so beginnt <u>La Madelon</u>, verständlicherweise in zweihundert verschiedenen Tonlagen, da der Ton nicht angegeben wurde...

Wir müssen auch stundenlang auf allen vieren kriechen und ähnliche Scherze ...

Insgesamt gesehen, auch nicht lästiger als der Schulbetrieb, im Gegenteil.

Verd.! Die Sirene..! Auf Wiedersehn! Wir müssen antreten ...

Ich umarme Dich

Antoine

<u>Bitte wenden!</u>

Allgemeine Panik! Um eins heulte die Sirene; zweitausend Soldaten kamen herbeigelaufen, als sie's hörten: im Schuppen des Hufschmieds brannte ein Strohwisch. Zweitausend Soldaten spuckten darauf, und so wurde das Feuer gelöscht, und zweitausend Soldaten weniger zwei – darunter ich – gingen wieder fort.
Ich kann mich kaum auf den Beinen halten vor Müdigkeit: nicht wegen des Feuerlöschens, aber wegen des verfluchten Exerzierens! Nicht allzu viel Ärger. Als Zerstreuung Flugzeuge, die mit metallischem Lärm auf dem Boden zerschellen, und brüllende Feldwebel.
Hör zu: unser Hauptmann ist ein Hauptmann *de Billy* (ich weiß nicht, ob man es so schreibt). Wenn Du eine Familie seines Namens in Lyon kennst, so erkundige Dich doch, ob sie einen Verwandten haben, der im zweiten Fliegerregiment in Strasbourg Offizier ist, und verschaffe mir eine Empfehlung!
Schreib mir dann, wie es damit steht.
Mein Stadtzimmer ist sehr anständig. Ich bade jeden Abend, wenn ich von der Kaserne heimkomme, und koche mir dann eine Tasse Tee, bevor ich zurückmuss.
Der Hauptmann wird mich heute früh rufen lassen wegen meiner Bewerbung als Flugschüler. Ich hoffe, dass es klappen wird. Falls ja, werde ich in vier oder fünf Monaten über Saint-Maurice-de-Rémens kreisen können.
Wenn Du was Nettes tun willst, so schicke mir doch von Zeit zu Zeit Pakete und anderes an meine Stadtadresse. Es freut einen immer, wenn man so was bekommt.
Gestern war ein Sturm, wie ich's selten erlebt habe, aber

es wurde trotzdem geflogen. Da muss man seine Maschine schon ganz gewaltig in der Hand haben.
Letzte Meldung.
Stell Dir vor, ich bin Lehrer geworden ... In einem Klassenzimmer mit schwarzer Tafel werde ich einem Haufen Schüler über Aerodynamik und den Verbrennungsmotor Unterricht geben. Danach (in ein oder zwei Monaten) werde ich <u>bestimmt</u> Flugschüler.
Ich umarme Dich, wie ich Dich lieb habe.

Dein Dich liebender Bruder
Antoine

30. [Strasbourg, Samstag 1921]

Meine liebe Maman,

nichts Neues. Natürlich gibt es Abwechslungsreicheres als das Kasernenleben. Nach und nach wird man melancholisch. Etwa in einem Monat werde ich wissen, ob ich fliegen darf oder nicht. Ich habe meinen Antrag gestellt usw...
Ich brauchte lange, um mich von dieser gemeinen Spritze zu erholen, die mich krank gemacht hat wie ein Stück Vieh.
Im Augenblick bin ich bei mir daheim, wo ich gerade ein Bad genommen habe. Das ist die einzige Ruhepause, und die ist so kurz, da einem die Entfernung die Zeit wegfrisst.
Schreib mir oft. Wenn Du wüsstest, was Briefe für eine

Erholung sind! Wenn ich doch täglich einen Brief aus Saint-Maurice[57] bekommen könnte! Löst Euch ab!

Ich konnte nicht nach Paris fahren. Ich sollte dort Bücher besorgen, aber man beschafft sie auf andere Weise. Schade drum.

Deine Postanweisung ist noch nicht eingetroffen. Ist sie fehlgelaufen oder noch nicht abgegangen? Du hast sie mir letzten Mittwoch, vor vier Tagen, angekündigt. Ich habe keinen Sou mehr.

Ich bin sehr unglücklich, denn ich sitze ohne Streichhölzer vor meinem Spirituskocher und kann mir keinen Tee machen.

Man sucht Freiwillige für Marokko. In einem Monat oder drei Wochen kann man die Bewerbungen einreichen. Wenn ich nicht fliegen darf, bewerbe ich mich. Wenigstens bin ich dann mit Sabran[58] zusammen.

Obwohl ich nur wenig Zeit habe, bereite ich mich für den nächsten Kursus vor, der am 26. beginnt.

Noch zehn Minuten, dann muss ich aufbrechen. Man darf nicht zu spät kommen. Sonst gibt es Arrest.

Pfingsten hoffe ich, einen Urlaub von 48 Stunden für Paris zu bekommen. Ich sage Paris, da ich nach Saint-Maurice schon für die Hin- und Rückfahrt mindestens dreißig Stunden brauche. Ich glaube, ich werde nach Paris <u>fliegen</u> können. Zweieinhalb Stunden. Wirst Du Dich dann gerade Biche widmen?

---

57 Saint-Maurice-de-Rémens (Département Ain) ist eine Besitzung Madame de Saint-Exupérys, die ihr von Madame de Tricaid vermacht wurde. Antoine verbrachte dort seine Schulferien.

58 Sabran ist ein Freund Antoines, den er in Fribourg kennengelernt hatte.

Fahrt Ihr vielleicht nach Paris?
Ich muss Dich verlassen und umarme Dich, so wie ich Dich lieb habe.

        Dein getreuer Sohn

              Antoine

Schickt mir Didi ein Paket? (Auch mit einem Kuchen drin .. ?) Vergiss nicht das Geld noch <u>heute früh</u>! (An die Kaserne; Postanweisung.)

31.   [Strasbourg, Mai 1921]

Meine liebe Maman,

ich habe soeben Hauptmann de Billy gesprochen, der reizend war und mich bittet, Dir zu antworten, da er durch die Vorbereitungen, die man hier für den Alarmfall trifft, überlastet ist.

Meine Idee, ein ziviles Patent zu erwerben, findet er <u>gut</u>, möchte aber zuvor:

1. dass ich <u>morgen</u> die ärztliche Untersuchung und Gegenuntersuchung absolviere;
2. darüber mit dem Major rede, wegen der Auskünfte über die zivile Fluggesellschaft usw...

Ich bin voller Hoffnung, dass alles klappen wird, und dann werde ich Dir Nachricht geben.

Ich steige soeben aus einem Spad-Herbemont und bin völlig durcheinander. Meine Vorstellungen von Raum, Entfernungen, Richtung sind dort oben ganz zusammenhanglos geworden. Wenn ich den Boden suchte, blickte ich bald nach oben, bald nach unten, nach rechts oder links. Ich glaubte mich in großer Höhe und wurde

auf einmal durch ein senkrechtes Trudeln auf den Boden hinuntergedrückt. Ich glaubte, wir flögen sehr niedrig, und wurde durch die 500 PS des Motors in zwei Minuten auf 1000 Meter emporgesogen. Das tanzte, stampfte, rollte ... Oh la la!
Morgen steige ich mit dem gleichen Piloten bis auf 5000 Meter, weit über das Wolkenmeer. Mit einer Maschine, die ein anderer Freund fliegt, werden wir uns auf einen Luftkampf einlassen. Dann werden mir das Trudeln, die Loopings, die Kehren sämtliche Mahlzeiten des Jahres aus dem Bauch pressen.
Ich bin noch nicht MG-Schütze und fliege nur aufgrund der Kenntnisse, die ich mir erworben habe. Gestern blies ein stürmischer Wind, und ein scharfer Regen mit einer Geschwindigkeit von 280 bis 300 Kilometern pro Stunde stach uns ins Gesicht.
Ganz gleich, ob es mit dem Zivildiplom etwas wird, denke ich am 9. mit der Ausbildung als MG-Schütze anzufangen.
Gestern war große Parade der Jagdflugzeuge.
Die Spads sind winzige Eindecker, schön blank geputzt. Aufgereiht vor den Hangars, mit nagelneuen MG's unter der Kruppe – denn seit drei Tagen werden die Maschinengewehre montiert – stehen die Hanriots, dickbäuchige Flitzer, und die Spads-Herbemont, die zur Zeit König sind: neben ihnen existiert kein anderes Flugzeug; sie blicken böse drein mit ihrem Adlerprofil, wie unter einer gerunzelten Braue ...
Du kannst Dir nicht vorstellen, wie böse und grausam ein Spad-Herbemont aussieht. Es ist ein Flugzeug, das

Schrecken einflößt. Damit würde ich leidenschaftlich gern fliegen. Es hält sich in der Luft wie ein Haifisch im Wasser, und so sieht es auch aus, – wie ein Hai! Der gleiche sonderbar glatte Leib. Die gleiche geschmeidige und schnelle Fortbewegung. Das bleibt noch in der Luft, wenn es senkrecht auf den Flügeln steht.

Kurzum, ich lebe in großer Begeisterung, und es wäre für mich eine bittere Enttäuschung, wenn ich morgen bei der ärztlichen Untersuchung durchfallen sollte.

Dieses nüchterne Gemälde stellt den morgigen Luftkampf dar.

Wenn man diese Aufreihung von Flugzeugen sieht, all diese funktionsfähigen Motoren brummen hört und diesen herrlichen Geruch des Treibstoffs einatmet, dann sagt man sich: „Die Boches werden es büßen."

Auf Wiedersehn, geliebte Maman, ich umarme Dich von ganzem Herzen.

     Dein getreuer Sohn
       Antoine

[Strasbourg, 1921]

Geliebte Maman,

gestern erhielt ich Dein Telegramm. – Ich schrieb Dir schon, wie alles durch den Hauptmann amtlich in die Wege geleitet wurde.

Ich habe die beiden ärztlichen Untersuchungen hinter mir und wurde für tauglich befunden, als Pilot Dienst zu tun.

Ich warte auf die militärische Genehmigung, die unverzüglich eintreffen wird. Könntest Du MORGEN ABEND statt am Donnerstag fahren, um mir die 1500 Francs zu bringen, von denen Du 1000 auf der Bank deponieren müsstest?

Maman, wenn Du wüsstest – je länger ich warten muss –, wie unwiderstehlich mein Wunsch ist, ein Flugzeug zu führen. Wenn ich es nicht schaffe, werde ich sehr unglücklich sein, aber ich werde es schaffen.

Drei Lösungen:

1. Eine Dienstverpflichtung von einem Jahr oder mehr
2. Marokko
3. Das zivile Diplom

Eine der drei werde ich wählen, denn sobald ich jetzt mein Diplom habe, werde ich fliegen.

Nur haben die ersten beiden Möglichkeiten gewisse Nachteile, und so sind wir, mit dem Hauptmann, zu dem Schluss gekommen, dass die dritte das Wahre wäre. Wenn ich das zivile Diplom habe, erhalte ich von Rechts wegen auch das militärische Diplom, ohne eine Dienstverpflichtung eingehen zu müssen. Dein Telegramm beunruhigt mich – natürlich hängt von Dir letztlich die Sache ab, wegen der zivilen Kosten – sofern ich nicht einen Kredit aufnehme, was ich nicht tun will. Es scheint mir, Du hast vor, Dich dagegen zu stemmen! Aber das wirst Du doch nicht tun, oder? Alles ist abgemacht, der Major ist schon mit der Sache befasst. Hätte denn der Hauptmann nach Deinem Brief seine Zustimmung gegeben, wenn es Unsinn wäre? Sag doch, Maman?

Wenn nichts daraus würde, ginge ich die Dienstverpflichtung ein; drei Jahre auf diese Weise wären mir lieber als zwei bei solch einem Leben, durch das man verblödet.

Doch das wäre nicht vernünftig, da ich ja diese Lösung schon fast zur Hand habe.

Maman, ich bitte Dich inständig, mir heute eine Postanweisung zu schicken oder morgen Abend statt Freitag zu fahren.

Und außerdem würde ich mich doch so freuen, Dich wiederzusehen, das weißt du doch, Maman. Nur darfst Du nicht kommen, um mich in solchen Kummer zu stürzen. All das ist sehr eilig, weißt Du, und ich habe schon so viel Zeit verloren.

Ich kann auf Dich bauen, trotz dieses Telegramms, nicht wahr?

Ich umarme Dich von ganzem Herzen.

    Dein getreuer Sohn
        Antoine

33. [Strasbourg, Mai 1921]

Meine liebe Maman,

gestern hatte ich Wache im Quartier; so konnte ich nicht auf Dein Telegramm antworten.
Allgemein gilt: ich kann Dir nur schwer ohne ernsthaften Grund (denn in diesem Fall benutze ich die Feldpost) telegrafieren; die Kaserne liegt ja nicht in Strasbourg, und wir kommen oft erst zu spät raus.
Ich erhielt Deinen Brief und die Postanweisung, die in der Kaserne fehlgeleitet worden war; denn man hatte meinen Namen verstümmelt beim Posteingang angegeben. Ohne Didis Paket hätte ich sie noch nicht erhalten (dadurch war es möglich, meinen Namen zu berichtigen).
Ich habe <u>nachgedacht, mich erkundigt, diskutiert</u>. Wenn ich in meinen zwei Dienstjahren etwas zuwege bringen will, gibt es nur diese Lösung. Alles in allem bleibt mir nur jeden Abend eine halbe Stunde Freizeit. Wie soll ich da, todmüde vom Dienst, noch arbeiten? Oder mir irgendein Eigenleben aufbauen? Ich habe mit der zivilen Fluggesellschaft (Compagnie Transaérienne de l'Est) <u>alles</u> abgemacht, unterschrieben usw. Alles ist in Ordnung. Meine Ausbildung fängt <u>Mittwoch</u> an. Sie wird etwa drei Wochen oder einen Monat dauern. Ich werde Dich dann in Paris wiedersehen. […]
Ich gehe dabei von einer Ausbildung in hundert Flügen aus, was recht viel ist (es kostet 2000 Francs, ganz gleich, wie oft man fliegt).
Am <u>Mittwoch</u> fange ich an. Ich bin fest entschlossen,

denn es lockt mich in keiner Weise, bei einem x-beliebigen Piloten MG-Schütze zu sein, und außerdem möchte ich selbst etwas tun.

Könntest Du mir morgen, Sonntag, 1500 Francs schicken (in die Kaserne); davon sind tausend für die Kaution bestimmt, die ich wiederbekomme, sobald ich das Diplom habe, oder die Du auch selber abheben kannst, und dazu 500 für das erste Quartal als Anzahlung.

Ich lerne auf einer äußerst <u>langsamen</u> Farman, in der man eine doppelte Steuerung eingebaut hat, damit ich nicht auf den Sop (schnellen Flugzeugen) mit ihrer doppelten Steuerung anzufangen brauche.

Ich schwöre Dir, dass kein Anlass zu irgendwelcher Besorgnis besteht. In den nächsten drei Wochen bleibe ich beim doppelten Getriebe, und da ich ja ohnehin beinahe täglich auf Militärmaschinen fliege – wie heute zum Beispiel –, ändert sich eigentlich nichts.

Du sagst mir in Deinem Brief, ich sollte mich erst nach <u>reiflicher</u> Überlegung entscheiden; ich schwöre Dir, dass das der Fall ist. Ich habe nicht eine Minute Zeit zu verlieren, daher meine Eile.

Ich fange in jedem Fall Mittwoch an, aber ich hätte gern das Geld schon am Dienstag, um nicht gegenüber der Gesellschaft in die Klemme, ich will sagen: in Verlegenheit zu geraten.

Ich bitte Dich inständig, Maman, sprich <u>mit niemandem</u> darüber und schicke mir das Geld. Wenn Du willst, kann ich's Dir nach und nach von meinem Sold zurückzahlen und dadurch abstottern. Das wird umso eher gehen, als ich, als Militärpilot, hundert Erleichterungen für das Offiziersanwärterexamen erhalte. Also mach das noch heute, ich werde Dir so dankbar sein, hörst Du, Maman?

Abends bin ich manchmal traurig. Du solltest einmal über Strasbourg fahren. Ich habe etwas Beklemmungen in dieser Umgebung. Keine Perspektiven. Ich brauche eine Tätigkeit, die mir gefällt, habe Angst, im Wirtshaus zu enden.

Komm doch einmal her. Die Reise kostet Dich 80 Francs, und Du kannst in meinem Zimmer übernachten.

Schreib mir. Briefe bedeuten mir so viel. Verzeih mir, wenn ich nur ein paar Sekunden Zeit habe, so dass ich unleserlich schreibe!

Ängstige Dich nicht wegen der Grippe; in Strasbourg grassiert sie nicht.

Ich umarme Dich, so wie ich Dich lieb habe.

Dein getreuer Sohn
Antoine

34. [Strasbourg, Juni 1921]

Liebste Maman,

aber ich hab Dir doch einen Brief von beinah zehn Seiten geschrieben!

Hast Du ihn denn nicht erhalten? Ich schrieb ihn während einer Nachtwache – neben einem kleinen Bach – im Mondschein.

(Ich riskierte, vors Kriegsgericht zu kommen, als ich ihn schrieb ... des Nachts sitzend, während ich Wache hatte.)

Und auch ich habe <u>keine</u> Ahnung. Ich wusste nicht einmal, dass Monot in Paris war. Ebenso ist es mir unbekannt, was sie dort treibt – völlig unbekannt. Ich fühle mich hier so einsam.
Und dann vor allem, dass Didi krank ist. Ich hätte so gern Nachricht. Wirklich: alles ist so traurig.
Trotzdem, Maman, was macht denn Monot in Paris, wo wohnt sie usw… Ich habe <u>keine</u> Ahnung.
Maman, ich lese nochmals Deinen Brief. Du kommst mir so traurig und müde vor – und dann machst Du mir mein Schweigen zum Vorwurf – Maman: Aber ich habe doch geschrieben! Du kommst mir traurig vor, und da werde ich melancholisch.
Mir geht es gut. Nichts Besonderes. Da das Regiment oder vielmehr die Kompanie dummerweise beinah gemeutert hat, ist unter anderem jeder Urlaub gesperrt. Sobald ich kann, komme ich zu Dir, aber wann?
Ich bin traurig wegen Deines Briefes, der mich in eine Art Nebel hüllt. Davon abgesehen geht alles soweit gut. Ich habe gerade einen Tourenzähler erfunden; ein Unteroffizier, der viel von Uhrmacherei versteht, wird ihn mir bauen. Dann wird sich zeigen, was das in der Praxis ergibt.
Ich schließe eben die letzten Berechnungen ab.
Maman, auf Wiedersehn. Ich umarme Dich, so wie ich Dich lieb habe, liebste Maman. Schreib mir einen weniger traurigen Brief. Ich umarme Dich, wie ich Dich lieb habe.

    Dein getreuer Sohn
       Antoine

Könntest Du mir <u>heute noch</u> mein Geld für die Miete schicken? Ich hatte in meinem letzten Brief darum gebeten und sitze seit einer Woche ganz ohne Geld.
Ich hatte Dich ebenfalls gebeten, mir aus Lyon die folgenden Bücher zu schicken:
1. Ein <u>ausführliches</u> Lehrbuch über Aerodynamik (in einem oder mehreren Bänden), das für Ingenieure geeignet ist.
2. Ein ausführliches Lehrbuch über den <u>Verbrennungsmotor</u>.
So schnell es geht, es bringt mich in Verlegenheit, dass ich sie nicht schon habe.
Das ist Dir nicht lästig, nicht wahr, geliebte Maman?

Antoine

(Auf der Rue de la Charité gibt es wohl eine gute Buchhandlung. Aber ich brauche ein wissenschaftliches Werk.)

35.

[Strasbourg, 1921[59]]

Meine liebe Maman,

vielen Dank für Deinen Brief. Ich hatte seinen Eingang bestätigt, aber nach Paris – und zwar noch <u>am gleichen Tag</u>, zum Hotel de Lyon. Hattest Du dort Deine Adresse hinterlassen?
Im Grunde hast Du recht getan, alle diese Leute zu besuchen … Mutterinstinkt!

---

59 Antoine wurde am 17. Juni 1921 zum 37. Fliegerregiment nach Rabat versetzt und blieb dort bis Januar 1922. Dann wurde er als Flugschüler in Istres zugelassen.

Neben meiner Ausbildung als Zivilpilot mache ich auch den militärischen Kursus für MG-Schützen in den Hanriots mit. Sobald ich mein Diplom als Beobachter-Schütze habe, werde ich Gefreiter.

Beinahe wäre ich nach <u>Konstantinopel</u> gekommen. Man warb um Freiwillige, ab <u>morgen</u>. Aber ich dachte, Mechaniker wäre nicht gerade ideal, und es wäre besser, das doppelte Diplom abzuwarten ... Konstantinopel und kostenlos! Das ist einmalig. Was mich auch gebremst hat, ist die Nachricht, dass unser Regiment <u>vielleicht</u> nach Lyon verlagert werden wird. Dann wäre ich nur zehn Minuten Flugzeit von Saint-Maurice entfernt.

<u>Herr Pfarrer, putzt Eure Stiebel,</u>
<u>Das Flugzeug steht vor der Tür.</u>[60]

Wenn es wahr wird, kann er sich zum Tanz rüsten, der Pfarrer. Das wird was zum Lachen geben! Andernfalls werde ich kostenlos eine Reise zu machen suchen, die ein Gedicht werden soll.

Ich schlafe zur Zeit auf dem feuchten Stroh der Verliese. Das Arrestlokal ist in einem Keller. Der fahle Mond und der bleiche Posten wachen am Guckloch. Sonderbare Gestalten, die seit Wochen eingesperrt sind, singen

---

60 Anspielung auf das selbsterfundene Liedchen, mit dem der kleine Antoine und seine Schwestern in Saint-Maurice den Dorfpfarrer zu empfangen pflegten:
      Herr Pfarrer, putzt Eure Stiebel,
      und kommt dann, uns zu traun.
      Denn bei uns geht um die Liebe,
      wie die Ratten in einer Scheun.

wunderliche Lieder aus Vorstätten und Fabriken. So traurige Lieder, dass man das Heulen von Schiffssirenen zu hören glaubt. Zur Beleuchtung hat man Kerzen, die man beim leisesten Geräusch ausbläst.

Ich verbringe im Übrigen dort nur die Nächte und die Ruhestunden. Das ist gar nicht unangenehm und sühnt auf ziemlich milde Weise meine einminütige Verspätung bei der lästigen Tätigkeit des Kartoffelschälens.

Seit es mit dem Training zu Ende ist, unterstehe ich einem neuen Feldwebel, Sergeanten und Gefreiten. Die jetzigen sind abgefeimte Rohlinge, die mir ekelhafte Stunden bereiten und andauernd brüllen, nur weil ihnen das Spaß macht. In vierzehn Tagen werde ich Strasbourg, Frankreich, mein Zimmer, die Auslagen der Geschäfte wiedersehen. Schreib mir oft!

Wie steht es mit Mimma[61], mit Saint-Maurice, mit allem? Ich bin letztlich sehr froh, dass Du den Abbé Sudour[62] aufgesucht hast. Sei doch so gut und beschaffe den Auszug aus meinem Strafregister, um ihn ihm zu schicken (22, Rue Delambre). Ich danke Dir dafür von ganzem Herzen. Pierre d'Agay schickt mir die Adresse von jemandem, den ich besuchen soll. Ich werde hingehen, sobald mein Arrest und der Aufenthalt in der Zelle vorbei sind.

Ich kann Dir kein Telegramm schicken, um Deins zu beantworten. Es ist im Übrigen auch dann unmöglich, wenn wir Ausgang haben, denn das ist schon zu spät, und die Schalter sind geschlossen.

---

61 Kosename seiner Schwester Marie-Madeleine.
62 Direktor der École Bossuet und Förderer Antoines.

Auf Wiedersehn, geliebte Maman, ich verlasse Dich und umarme Dich von ganzem Herzen, so wie ich Dich lieb habe.

Dein getreuer Sohn
Antoine

36. [Strasbourg, Juni 1921]

Liebste Maman,

es wäre mir lieb, wenn Du Montag kommen könntest, denn ich fürchte sehr, dass ich nach dem Diplom kaum Zeit haben werde, umso mehr, als ich ja von Strasbourg aus nach Marseille fahren muss.

Wir könnten auch, falls uns ein oder zwei Tage übrigbleiben, nach Paris fliegen, um sie dort zu verbringen und Monot[63] wiederzusehen. Vorher könnten wir das Elsass besuchen, da ich sehr viel Freizeit habe.

Gern würde ich morgen oder übermorgen meinen ersten Alleinflug machen. Hinterher dauert es mit dem Diplom nicht mehr lange.

Ich erhielt Geld und Bücher. Vielen Dank, Maman. Ich bin in Zivil. Hoffentlich erwischt man mich nicht. Freilich halte ich mich dabei in meinen vier Wänden, wo ich rauche und Tee trinke. Und ich träume auch viel von Dir und erinnere mich an so vieles von Dir, damals, als ich klein war. Und es schneidet mir ins Herz, dass ich Dir so oft Kummer bereitet habe.

Wenn Du wüsstest, Maman, wie einzigartig ich Dich

---

63 Einer der Kosenamen seiner Schwester Simone.

finde, die feinste aller „Mamans", die ich kenne. Und Du verdientest so sehr, glücklich zu sein und auch: nicht einen garstigen großen Jungen zu haben, der den ganzen Tag brummt oder wettert. Nicht wahr, Maman?

Gern hätte ich Dir meinen Abend gewidmet und Dir lange, lange geschrieben. Nur ist es so heiß, dass ich nicht mehr existiere. Und obgleich es schon spät ist, bekommt man auch am Fenster keine Luft. Ein echtes Elend. Was soll nur in Marokko aus mir werden?

Stell Dir vor, in meiner Stube gab es eine lange Hopfenstange, einen treuherzigen Kerl aus Villars-les-Dombes, der in den Stunden, wenn er Heimweh hat … <u>Faust</u> singt oder <u>Madame Butterfly</u>. Ob es in Villars-les-Dombes eine Oper gibt?

Ich liebte immer Deinen Satz über den König: „Madame, es stürmt, und ich habe sechs Wölfe geschossen." Auch heute früh stürmte es. Aber genau das liebe ich: den Wind, und – im Flugzeug – den Kampf, das Duell mit dem Sturm. Doch ich bin kein ebenbürtiger Partner. Ich fliege in den lauen und süßen Morgenstunden, wir landen im Tau, und mein Mentor, ein romantisches Herz, pflückt Gänseblümchen für „Sie". Dann setzt er sich auf die Radnabe und betrachtet in aller Ruhe die Welt.

Ich lernte hier einen Kameraden kennen, einen wahren Granden: mindestens François Premier oder Don Quijote. Ich wagte nicht, sein Inkognito zu durchbrechen, hatte aber große Achtung vor ihm und fühlte mich klein, so klein…

Er ehrte mich, indem er geruhte, bei mir Tee zu trinken.

Er sprach über Philosophie mit der Bedeutungsschwere seiner bourbonischen Nase. Er äußerte über Musik und Poesie sehr viel Wahres. Er kam dreimal binnen drei Tagen und hatte die Güte, meinen Tee, meine Zigaretten köstlich zu finden, und ich sagte mir: Ist es ein Grandseigneur (seine Gesten waren erlesen und gemessen) oder ein edler Ritter? (Er hatte sehr edle und sehr ehrliche Augen.) Kurzum: François Premier oder Don Quijote?

Das machte mich neugierig, ich hätte gern gewusst, woran ich war. Aber er imponierte mir: wie er da rittlings auf seinem Stuhl saß, hatte er soviel Würde.

Dann erschien eines Tages Don Quijote, der mir des langen und breiten seine Projekte auseinandersetzte – schöne, aber kostspielige Projekte. Es folgte François Premier, der mich um hundert Sous anpumpte ...

Sie sind nie mehr wiedergekommen...

Le Crépuscule des Dieux („Die Götterdämmerung"), sagte Anatole France!

Maman, es ist beinahe dunkel, und die Hitze ist groß ...

Ich umarme Dich, so wie ich Dich lieb habe. Komm schnell!

     Dein getreuer Sohn
       Antoine

37.　　　　　　　　　　　[Strasbourg, Juni 1921]

Geliebte Maman,

das Ministerium teilt mit:

„Maßnahmen wurden getroffen, die bezwecken, die Einschiffung des Soldaten de Saint-Exupéry um vierzehn Tage zu verschieben, damit er zuvor seine Flugprüfung ablegen kann."

Wenn mir noch Zeit bleibt, steuere ich Saint-Maurice an, aber ich getraue mich nicht, es Dir zu versprechen. Bevor man mit seinem Propeller auf 2000 hinuntergehen kann, braucht es eine gewisse Erfahrung, es ist immer misslich, wenn man auf einem Dach landen muss …

Die Montandons[64] waren reizend zu mir. Er ist mir äußerst sympathisch. Ich liebe diese Art Menschen. Er angelt mit Überzeugung … Beinahe hätte ich ihn auf seinen Wanderungen begleitet. Ohne ihn wäre ich noch nicht in den Genuss Deines Schecks gelangt.

Auch die Borels[65] haben mir einen so natürlichen, ja liebevollen Empfang bereitet – obwohl sie weder mich noch meine nächste Verwandtschaft (allenfalls abgesehen von Tante Mad[66]) kannten –, so dass ich ihnen gerührte Dankbarkeit gelobe.

Sie sind leider jetzt abgereist, Madame Borel und ihre „jungen Damen". – Sie werden es im Süden (Toulon) angenehm warm haben.

64　Verwandtschaft der Saint-Exupérys.
65　Freunde von Pierre d'Agay, dem zukünftigen Gatten Gabrielle de Saint-Exupérys.
66　Madeleine de Fonscolombe, Schwester von Madame de Saint-Exupéry.

Sonst nichts Neues. Spaziergänge auf dem Quai Kellermann, wo das grüne Wasser immer mehr an Blei erinnert, so heiß ist es. Trudeln und Loopings im Herbemont, wobei Seekrankheit die unweigerliche Folge ist (doch allmählich gewöhne ich mich an diese schwierige Akrobatik). – Fliegen im Stil eines „Familienvaters" auf einer Farman, wenn kein Blatt sich bewegt und der Motor so gnädig ist, sich zu drehen. Vorsichtige und majestätische Kurven. Schlaffe und lässige Landungen – ohne Abtrudeln und Loopings. – Doch warte nur, bis ich eine Herbemont fliege, statt als ewiger Passagier darin zu sitzen ... ach, was für ein Flugzeug!
Was den Farman angeht, so klappt es einigermaßen, ich habe die Maschine in der Hand.
Ich spiele ab und an Schach und trinke Bier. Ich entwickle mich zu einem dickbäuchigen Bourgeois. Du wirst mich als plumpen Elsässer wiedersehen. Den Akzent habe ich schon. Ich lerne die Sprache, um Dir einen Gefallen zu tun.
Wozu soll man in den Museen auf irgendwelche künstlerischen Eindrücke erpicht sein? Mit sanftem Eigensinn beharre ich darauf, die Dinge unter dem Gesichtspunkt der Wärmeerzeugung zu betrachten. – Das rosa und beleibte achtzehnte Jahrhundert erfüllt mich mit Abscheu ... ich sage mir: „Wie müssen die alle schwitzen!" Nur die Lithografien vom Eismeer beeindrucken mich etwas – und der Russlandfeldzug.
Oh, Marokko ...
Im Übrigen langweile ich mich gewaltig. Mein Partner beim Schach, der durch die Hitze verblödet ist, gewinnt,

da er die Fallen nicht sieht, die ich ihm stelle: das ärgert mich.

Ich verlasse Dich, um ein wohltuendes Bad zu nehmen. Eben habe ich Deine Postanweisung erhalten. Ich bleibe hier noch achtzehn Tage und muss die Monatsmiete für mein Zimmer bezahlen – ganz gleich, ob ich wegfahre oder bleibe. Auch für die Wäsche habe ich noch einige Ausgaben.

Da ich <u>als Pilot</u> nach Rabat fliege, bin ich zufrieden. Der Anblick der Wüste vom Flugzeug aus muss großartig sein.

Ich verlasse Dich und umarme Dich, ebenso wie Tante Laure[67], die Cousine und die Schwestern.

Dein getreuer Sohn
Antoine

38.

[Casablanca, 1921]

Meine liebe Maman,

ich bekam von Dir zur gleichen Zeit einen Brief vom 1. auf dem üblichen Postweg und einen vom 7. per Luftpost. Könntest Du, wenn es Dir nicht zu lästig ist, mir immer so schreiben?

Du bist also in Saint-Maurice. Gott weiß, wann ich dieses geliebte alte Gemäuer wiedersehen werde. Von Casablanca habe ich schon jetzt genug. Oder glaubst Du, dass es Gedankennahrung ist, dreizehn Kiesel und zehn Grasbüschel zu sehen? In Romanen nimmt man es hin.

---

67 Schwägerin seines Vaters.

In Wirklichkeit aber macht es stumpfsinnig. Man denkt an nichts mehr, an nichts. Ein zwei- oder dreistündiges Gehirntraining erzeugt bestenfalls so tiefschürfende Gedanken wie: „Glaubst du, dass es bald zur Suppe läuten wird?" (Zwei Stunden Schweigen.) Dann: „Die Kiste, die ich heute früh hatte, musste man im Maul reißen wie ein Grobian, damit sie nicht über Kopf ging." Oder: „Nichts los hier!" (Endgültiges Schweigen, gedankenschwer.)

Meine Fliegerkameraden sind absolut nichtssagend, sympathisch sind sie mir nur abends beim Essen. Eine riesige leere Baracke dient uns als Speisesaal, und armselige Kerzenstummel beleuchten mühsam die harten und rostroten Gesichter, Abbilder von Eroberern oder Banditen in ihrer Höhle, das kommt vom Widerschein dieser Rötel–Erde. Fast ein Rembrandt, ich sag's Dir.

Während des Tages bekommt nichts Relief wegen dieser stupiden Sonne über Dingen, die es nicht verdienen. Beeindruckender Stumpfsinn. Stumpfsinnige Ruhe.

[...] ich denke an Euch alle. Biche, dieses himmlische Geschöpf, liebe ich über alles. Sie soll mir oft schreiben.

Wahrscheinlich werde ich anlässlich der Winter- oder Frühjahrsoperationen im Geschwader fliegen, und zwar mit einem Unteroffizier, der hier, wie ich, seine Ausbildung fortsetzt und Robert de Curel, dem Bruder von Monots Freundin, seinen ersten Verband angelegt hat. Er hat übrigens schon eine Maschine demoliert; ich nichts.

Es gibt nur eines, das mir hier gefällt, das sind die Sonnenaufgänge. Theatralisch entfalten sie sich. Als Erstes zieht aus dunkler Nacht ein gigantisches Bühnenbild voller violetter und schwarzer Wolken auf, gewinnt allmählich an Kontur und beherrscht den gesamten Horizont. Dann steigt hinter schwarzer Rampe Licht empor, das eine in Helligkeit getauchte zweite Ebene enthüllt. Dann zieht die Sonne auf. Eine rote Sonne, so rot wie ich noch nie eine sah. Ein paar Minuten lang kann man ihr zusehen, wie sie höher und höher steigt, doch dann verschwindet sie hinter zerklüfteter Überdachung. Man hat den Eindruck, als müsste sie durch eine Grotte hindurch.

Ich habe hier Le Retour[68] entdeckt und mich schier totgelacht und unseren Abend im Athénée nochmals erlebt. Liebste Maman, wie weit liegt das schon zurück. Du solltest es Dir kaufen, man lacht lauthals für sich allein, und wenn man es auf der Bühne gesehen hat, kann man es sich auch wieder vorstellen.

Maman, wenn Du mir die École universelle gestattest, würde ich gerne selbst hinschreiben, um eine Menge Details anzugeben. Ich bräuchte den Lehrstoff „Flugingenieur". Architektur oder Zeichnen kann ich hier unmöglich machen.

Könntest Du mir auch die ersten drei Bände von Brauzzis Aeronautik schicken, von dem Du mir Band vier schon geschickt hast?

---

68 Vermutlich meint er das gleichnamige Theaterstück von Casimir Delavigne (1793–1843), dessen Dichtungen und heroische Dramen zum Teil auch zeitgleich ins Deutsche übersetzt und hier gespielt wurden. (Anm. d. Übers.)

In letzter Zeit lässt man mich recht viel fliegen. Im Durchschnitt habe ich sechs Landungen pro Vormittag. Ab acht Uhr früh ist hier zu viel Wirbel, das ist anstrengend. Daher fliegen wir sehr früh, bei noch fahlweißem Horizont.
Ich verlasse Dich jetzt und umarme Dich aus ganzem Herzen, genau wie ich Dich liebe.
Schreib mir oft und wer in Saint-Maurice ist und wie es der süßen Mimma geht und die neuen Tänze, die Moisi aufführt, die ich auch millionenfach umarme.

Dein getreuer Sohn,
Antoine

Pilot im 37. Fliegergeschwader
Casablanca
Marokko
Casablanca in einem Wort, Maman!

Für Mimma werde ich Landschaftsaufnahmen besorgen.

[Casablanca, 1921]

39.

Liebste Maman,

ich habe alle möglichen Schätze – Briefe und Milch – erhalten; alles das hat mein Herz hell gemacht.
Letzten Sonntag habe ich ein paar Fotos mit dem Apparat eines Kameraden gemacht. Ich schicke Dir das Meer und die einzigen Bäume der Umgebung: große, traurige Kakteen. Auch meine Silhouette auf einem Felsen. Ge-

fallen sie Dir? Didi wäre hier glücklich. Es gibt unzählige gelbliche Köter, die abscheulich sind. Sie trollen einer hinter dem anderen im Gelände umher, blöde und böse. Wären sie nicht da, hätte ich mich schon zu den „Douars" aus Stroh und Schlamm hinaus getraut, die mit einer ärmlichen verfallenen Mauer versehen sind. Abends sieht man dort großartige Greise und kleine verkümmerte Frauen. Sie heben sich schwarz vom roten Himmel ab und werden langsam altersschwach wie ihre Mauern. Die gelblichen Köter heulen. Kamele grasen hartnäckig Kiesel ab, und abscheuliche kleine Esel träumen vor sich hin. Man könnte dort hübsche Aufnahmen machen, und doch lässt sich das nicht mit den Dörfern im Ain vergleichen, in denen es Wagen voller Heu und grünes Gras gab und viele zutrauliche Kühe.
Erste Regenfälle. Wie ein Bächlein tropft es einem während der Siesta auf die Nase. Draußen wälzt der Himmel Wolkenfelder vorüber. Die dem Winde geöffnete Baracke ächzt wie ein Schiff, und da der Regen große Seen ringsherum gebildet hat, gleicht sie der Arche Noah.
Drinnen hat sich jeder schweigend unter seinem weißen Moskitonetz verkrochen, so dass man sich in einem Mädchenpensionat glauben könnte. Man gewöhnt sich schließlich an diesen Gedanken und fühlt sich schüchtern und charmant werden. Wenn man durch handfeste Flüche geweckt wird, antwortet man mit anderen wohlklingenden Flüchen; dann beginnen die kleinen weißen Moskitonetze bestürzt zu beben.
Ich habe an die École Universelle geschrieben; Dank für

die Genehmigung. Könntest Du daran denken, mir meine Pension zum Monatsersten zu schicken? Ich möchte meinen Urlaub in Fez verbringen. Das wird mich zerstreuen.

Auf Wiedersehn, geliebte Maman, ich umarme Dich, so wie ich Dich lieb habe.

Dein getreuer Sohn

Antoine

40. [Casablanca, 1921]

Liebste Maman,

ich erhalte von Dir ein Paket mit Socken und einem samtigen Pullover, der die morgendliche Brise angenehm und zweitausend Meter Höhe mild erscheinen lässt. Er wärmt wie die mütterliche Liebe, die aus ihm herausströmt.

Ich weiß nicht, was über mich kam: ich zeichne den ganzen Tag, und daher kommen mir die Stunden kurz vor. Ich habe die Ursache entdeckt: der Zeichenstift Conté mit seiner Kohlemine. Ich kaufte Skizzenbücher, in denen ich, so gut ich kann, Tun und Treiben des Tages festhalte: das Lächeln meiner Kameraden oder die Aufdringlichkeit des Hundes Black, der Männchen macht, weil er sehen möchte, was es denn da zu kritzeln gibt.

Black, mein Hund, verhalte dich still!

Sobald mein erstes Heft voll ist, werde ich's Dir schicken, doch unter der Bedingung – oh Maman! – dass Du's mir zurückschickst ...

Es hat geregnet. Oh, aber nicht zu knapp! Das brauste

wie ein Sturzbach. Das Wasser fand übrigens sofort seinen hundertjährigen Weg in den Spalten unseres Dachs wieder; es schlängelte sich durch die Bretter, vor deren Verfugung sich unsere Verwaltung geradezu ehrfürchtig hütet, und so wurde unser Schlaf von herrlichen Träumen bevölkert, da uns das Wasser in den Mund rann wie im Schlaraffenland der Wein. Dein Pullover ist wirklich herrlich warm. Ihm verdanke ich ein heiteres Aussehen, aus dem Wohlbehagen spricht, und einen kleinen stutzerhaften Anflug, der Sympathie erweckt.
Gestern war ich in Casablanca. Anfangs schleppte ich meine Einsamkeit durchs Araberviertel, wo sie weniger auffällt, weil immer nur einer hindurch kann.
Dann feilschte ich mit weißbärtigen Juden um ihre Schätze. Sie altern inmitten goldener Pantoffeln und silberner Gürtel, sitzen mit überkreuzten Beinen, beweihräuchert von den Ehrenbezeugungen ihrer buntgemischten Kundschaft: Kann man sich ein glanzvolleres Schicksal vorstellen?
Ich sah, wie ein Mörder durch die Gassen geführt wurde. Man schlug auf ihn ein, damit er sein Verbrechen herausbrüllte vor den ernst blickenden jüdischen Kaufleuten und den kleinen verschleierten Arabermädchen. Er hatte schon ausgerenkte Schultern und einen zerbeulten Schädel. Es war sehr erbaulich und sehr moralisch. Er war blutüberströmt. Rings um ihn her brüllten seine Peiniger. Alle Stoffe, in die sie sich hüllen, schrien ungestüm ihre Farben heraus. Es war barbarisch, es war großartig. Die kleinen goldenen Pantoffeln erschütterte das nicht sonderlich, auch nicht die silbernen Gürtel.

Von den einen gab es so kleine, dass sie lange auf ihr Aschenbrödel warten werden, und von den anderen so reich geschmückte, dass sie nur zu einer Fee gepasst hätten ... Mein Gott, welch hübsche Füßchen müsste sie haben. Während mir nun der kleine Pantoffel seinen Traum erzählte – goldene Pantoffeln brauchen Stufen aus Mosaik –, handelte sie eine verschleierte Unbekannte ein und entführte sie. Ich gewahrte nur zwei riesige Augen ... Ich wünsche euch, oh ihr goldenen Pantöffelchen, dass sie die Jüngste der Prinzessinnen sein möge und in einem Garten mit bezaubernden Springbrunnen lebe! Doch ich bekomme es mit der Angst. Ich muss daran denken, dass bezaubernde junge Mädchen, durch die Schuld knauseriger Onkel, schon so oft mit einem abscheulichen, dummen und hässlichen Mann verheiratet wurden.
Schweig, mein Hund Black, davon verstehst du nichts.
Liebste Maman, setze Dich unter einen blühenden Apfelbaum, denn man erzählt uns ja, dass sie in Frankreich in Blüte stehen. Und blicke mir zuliebe genau um Dich. Es muss grün und hübsch sein, und es gibt Gras ... Das Grün fehlt mir, Grün ist Seelennahrung, Grün garantiert Sitte und Anstand und verschafft der Seele Ruhe. Wenn man diese Farbe des Lebens ausmerzt, vertrocknet man schnell und wird böse. Die Raubtiere verdanken ihren finsteren Charakter nur dem Umstand, dass sie sich nicht in den Klee ducken können. Wenn ich einem Strauch begegne, reiße ich einige Blätter ab und vergrabe sie in meiner Tasche. Dann, in der Stube, sehe ich sie liebevoll an und wende sie ganz sachte um. Das

tut mir gut. Ich möchte Dein Zuhause wiedersehn, wo alles grün ist.

Liebste Maman, Du weißt nicht, wie rührend eine einfache Wiese sein kann, und erst recht nicht, wie herzzerreißend ein Grammofon.

Ja, es dreht sich in diesem Augenblick, und ich schwöre Dir, mir tun all diese alten Melodien weh. Sie sind zu anheimelnd, zu zärtlich; wir hatten sie daheim zu oft gehört. Das Erinnern wird zur Qual. Den lustigen Weisen eignet eine grausame Ironie. Diese paar Takte Musik erschüttern mich. Ich schließe unwillkürlich die Augen – ein Volkstanz: ich sehe sie vor mir, die alten Truhen aus der Bresse, ein gewachstes Parkett ... Oder Manon ... Es ist komisch: wenn man solche Melodien hört, wird man gehässig wie der Landstreicher, der reiche Leute vorbeigehen sieht. Diese ganze Musik beschwört glückliche Zeiten herauf.

Und dann gibt es Melodien, die trösten ...

Ach, mein lieber Black, hör doch mit dem Bellen auf: ich höre nichts mehr.

Du weißt nicht, wie das ist, Maman.

Ich umarme Dich, liebste Maman, so zärtlich, wie ich kann. Liebste Maman, schreib mir schnell und oft.

    Dein getreuer Sohn
        Antoine

41.

[Casablanca, 1921]

Liebste Maman,

seit fernen Zeiten höre ich nichts von Dir. Ich flehe Dich an, schreib mir!

Was treibst Du dort, liebste Maman? Ich sinniere viel im Gedanken an Dich. Bestimmt würde ich Deine neuen Pastellbilder lieben. Ich male mir Deine abendlichen Spaziergänge aus und hätte Dich gerne begleitet.

In der Wochenzeitschrift habe ich etwas besonders Hübsches gelesen, und daher schicke ich sie Dir zu. <u>Meine Tochter und ich</u>. Es wird Dir gefallen.

Dieser Artikel, Maman, hat mein Herz traurig gestimmt. Du hast alles für uns getan, und ich habe es oft so wenig anerkannt. Ich war egoistisch und unbeholfen. Ich war in keiner Weise die Stütze, die Du brauchtest. Mir scheint, dass ich Dich jetzt jeden Tag ein bisschen besser kennen und lieben lerne. Es ist ja wahr, dass die „Maman" die einzig verlässliche Zuflucht armseliger Menschenkinder ist. Aber warum schreibst Du mir nicht mehr? Es ist ungerecht, wenn man voller Ungeduld auf das Schiff wartet und nichts bekommt.

Meine sechs Landemanöver von heute früh halte ich für Meisterleistungen... theoretisch, ich fliege die vorgegebene Strecke, wage mich jedoch jedes Mal ein bisschen weiter vor und streune.

Dabei beobachte ich den Bau von zwei Villen, die früh am Morgen rosa wirken. Knapp hundert Meter hoch. Schöne Schleifen ziehe ich auch über einem ganz blauen Haus mit Garten und Brunnen. Fast eine kleine Oase.

Da warte ich auf die Sultaninnen aus Tausendundeine Nacht, dass sie das schöne grüne Wasser zu schöpfen kommen, aber zu so früher Stunde schläft dort noch alles …

Mit diesem Traum im Kopf steige ich dann höher, um allein zu sein. Vor mir wiegt das Meer langgestreckte Schiffe und vermählt sich am Horizont mit dem Dunst. Eine Wendung, dann Casablanca: Kleine weiße Kiesel, gestreut auf rote Erde. Ein Puppenhaus, diese Stadt. Wieder eine Wendung: Das Flugfeld mit seinen Baracken, winzig und anheimelnd … Ich drossele, gehe in Sinkflug. Langsam geht's tiefer, wobei die Verspannung pfeift … Dann lande ich. Grausame Ernüchterung: Eine grässliche Strafkolonie. Fünf Minuten Pause, und ich gebe meinem braven alten Motor wieder „Vollgas" und fliege erneut los.

[…] Gesundheitlich geht es mir richtig gut. Ich hätte nur gern oft Post von Dir! Per Luftpost brauchen die Briefe fünf bis sechs Tage weniger. Schreib mir doch immer so, es ist doch kein langer Satz „von Toulouse per Luftpost" und dazu eine Briefmarke von 1 Franc!

Ich umarme Euch alle, alle, der Reihe nach, und auch Moisi[69]. Schick mir Fotos, schick mir Briefe, schick mir egal was, aber schick mir etwas!

Ich umarme Dich aus ganzem Herzen.

        Dein getreuer Sohn,

                Antoine

---

[69] Antoines Kinderfrau, die er in *Wind, Sand und Sterne* unter dem Beinamen „Die Wollspinnerin" wieder aufleben lässt.

42.

[Casablanca, 1921]

Liebste Maman,

wie kannst Du mich so lange ohne Nachricht lassen, obwohl Du doch weißt, welche Qual das ist?
Ich habe <u>nicht einen</u> Brief seit zwei Wochen! Maman!
Ich verbringe meine Zeit damit, mir schlimme Dinge auszumalen, und bin unglücklich. Maman, ein Brief bedeutet mir alles! Weder Didi noch sonst jemand schreibt mir mehr. Hier, wo ich mehr Zeit habe, an Euch zu denken, leide ich besonders stark unter dieser Einsamkeit.
Ich habe keinen einzigen Centime mehr. Wegen der Prüfungen der Offiziersschule musste ich mich acht Tage in Rabat aufhalten. Es liegt mir nicht daran zu bestehen. Mit Begeisterung würde ich in einer Staffel fliegen. Ich lege keinen Wert darauf, ein Jahr lang in einer düsteren Schule beim theoretischen Wehrkundeunterricht zu verblöden. Ich habe keine Feldwebelseele. Für solch mechanisches und stumpfsinniges Lernen habe ich wenig übrig.
Es würde mich betrüben, wenn ich nur Casablanca kennenlernte; dann hätte sich der Aufenthalt in Marokko nicht gelohnt. Sollte ich bestehen, denke ich daran, meinen Abschied zu nehmen. Ich habe schon wieder angefangen, mich mit Architektur zu befassen usw.; in der Schule wäre es aus damit.
Ich werde versuchen, einen Monat Urlaub zu bekommen, denn ich dürste danach, Euch alle wiederzusehen – unsagbar!
Diese acht Tage in Rabat waren bezaubernd. Natürlich

traf ich dort Sabran wieder und einen Kameraden aus Saint-Louis. Außerdem lernte ich zwei reizende junge Leute kennen, die auch für die Prüfung in der Offiziersschule gekommen waren: gebildete und ausnehmend höfliche Arztsöhne, sowie einen Hauptmann, der früher in Lyon lebte und uns alle fünf zum Abendessen einlud: Sabran, den Kameraden aus Saint-Louis, die beiden jungen Leute und mich. Ein wahrlich charmanter Mensch. Ein wirklicher Kamerad, und dazu Musiker, Künstler … Er besitzt ein kleines weißes Haus inmitten der weißen Häuser von Rabat. Man glaubt am Nordpol im Schnee spazieren zu gehen, so auswattiert wirkt dieser arabische Stadtteil bei Mondschein. Welch außergewöhnlicher Abend!

Rabat war zu dieser Jahreszeit einfach himmlisch. Ich begann dort Marokko zu verstehen. Endlose Spaziergänge in den lichtdurchfluteten Straßen, mitten unter dem Volk – ach, wenn ich doch Aquarelle malen könnte, welch eine Farbe, welch eine Farbe; es ist märchenhaft, wenn man zu sehen versteht. – Endlose Spaziergänge in den Straßen der Wohlhabenden: dem engen Durchgang zugewandt öffnen sich schwere Tore, die so viele Geheimnisse bergen. Keine Fenster … von Zeit zu Zeit ein Brunnen, und Eselchen, die trinken.

Seitdem ich zurück bin, langweile ich mich nicht: ich mache meine ersten Luftreisen. Dreihundert Kilometer heute früh: Ber-Rechid – Rabat – Casablanca. So habe ich meine Lieblingsstadt von oben wiedergesehen … sie ist wunderbar weiß und friedlich. Ber-Rechid ist ein scheußlicher Marktflecken etwas weiter südlich.

Morgen Vormittag wieder dreihundert Kilometer. Die Nachmittage verbringt man mit Schlafen, da man recht müde wird.

Übermorgen große Reise nach Süden. Ich fliege nach Kasbah-Tadla. Für den Hinweg brauche ich etwa drei Stunden (das sind ja eine Menge Kilometer) und für den Rückweg natürlich ebensoviel. Wie einsam wird das sein ... ich warte ungeduldig darauf.

Heute lernte ich, im friedlichen Licht einer Lampe, mich nach dem Kompass zu richten. Vor dem Tisch mit den auseinandergefalteten Karten erklärt Sergeant Boileau: „Wenn Sie hier angekommen sind (und unsere eifrigen Stirnen beugen sich über das Gewirr der Linien), gehen Sie nach 45 Grad West ... Dort lassen Sie ein Dorf links liegen; vergessen Sie nicht die Abtrift des Windes mit dem beweglichen Zeigefinger auf dem Kompass zu korrigieren ..." Ich träume ... er weckt mich auf: „Passen Sie doch auf ... jetzt 180 Grad West, falls Sie nicht auf diesem Weg abkürzen wollen ... doch da gibt es weniger Merkzeichen; ja, hier: diese Route ist deutlich zu erkennen ..."

Der Sergeant Boileau bietet mir Tee an. Ich trinke die Tasse in kleinen Schlucken aus. Ich muss daran denken, dass ich bei den feindlichen Stämmen lande, falls ich mich verirre. Wie oft hat man mir nicht schon gesagt: „Wenn Du aus Deiner Kiste springst, Dich einer Frau gegenübersiehst und ihr die Brust küsst, dann bist Du ihr heilig; sie wird sich als Deine Mutter fühlen; man wird Dir Ochsen, ein Kamel schenken und Dich verheiraten. Nur auf diese Weise kannst Du Dein Leben

retten." Meine Reise ist noch zu einfach, als dass ich solche unerwarteten Zwischenfälle erhoffen könnte; trotzdem bin ich träumerisch an diesem Abend. Ich möchte an langen Expeditionen in die Wüste teilnehmen…
Wie gern würde ich Dich im Flugzeug mitnehmen. Ich verlasse Dich, geliebte Maman. <u>Schreib mir um Gottes willen!</u> Könntest du mir auch eine telegrafische Überweisung schicken, möglichst über 500 Francs, nur diesen Monat <u>wegen der Ortswechsel</u>. Mein letztes Geld geht fürs Porto drauf. Für morgen und übermorgen werde ich mir etwas leihen, falls es mir gelingt.
Ich umarme Dich so zärtlich wie damals, als ich ein Dreikäsehoch war, der ein grünes Stühlchen mit sich herumschleppte … Maman!
<u>Letzte Meldung.</u> Ich komme soeben von meinem Flug nach Kasbah-Tasla zurück. Kein Motorausfall, kein Zwischenfall. Eine tolle Reise, ich werde Dir darüber noch eingehend schreiben.

Antoine

43.

[Rabat, 1921]

Liebste Maman,

ich schreibe Dir aus einem entzückenden kleinen maurischen Salon, ganz vergraben in dicken Kissen, mit einer Tasse Tee vor mir und einer Zigarette zwischen den Lippen. Sabran spielt Klavier – Debussy oder Ravel – und andere Freunde sitzen beim Bridge …
Wir haben nämlich die Bekanntschaft des reizendsten

aller Menschen gemacht: des Hauptmanns Priou aus Rabat. Seiner Kollegen – fast alles frühere Unteroffiziere, die wieder dienstverpflichtet wurden – überdrüssig, hat er es verstanden, sich mit einem Kreis erlesener Freunde zu umgeben: dazu gehören Sabran, ein früherer Kamerad aus Saint-Louis, der sich mit mir auf die Marineakademie vorbereitete, und zwei weitere junge Leute. Unter uns sechs sind drei virtuose Musiker: Sabran, er selbst und „Pannier". Es wird begeistert musiziert. Ich spiele nicht, aber höre zu und vergrabe mich deshalb noch etwas mehr in den Kissen.

Sein Haus ist uns so gastfreundlich geöffnet, dass wir das missbrauchen. Sabran und ich kommen aus Casablanca für 48 Stunden. Die Mahlzeiten sind munter, das schwöre ich Dir, weil wir alle ... sehr geistreich sind (aber ja!). Wir gehen zu unerlaubten Stunden schlafen, drei oder vier Uhr früh; so fesselnd ist der allabendliche Poker, dazu die Musik. Unsere Spiele sind atemberaubend, man verliert bis zu sechzehn Sous in einer Nacht. Das macht uns – so glücklich ist unsere Natur beschaffen – genau so viel Spaß, als wenn wir um Louisdors spielten, und wenn sich einer mit dem gewaltigen Gewinn von zwanzig Sous vom Spiel zurückzieht, nimmt er die selbstgefällige Pose ein, die dazugehört.

Jetzt, da Sabran in Casablanca ist und wir jeden Sonnabend nach Rabat fliegen, um Montagabend heimzukommen, nimmt das Leben seinen leichten und angenehmen Gang in diesem Lande, wo alles in Blüte steht. Denn Marokko, dieser öde Landstrich, hat sich zunächst ganz frisches Grün und weite schillernde Prärien zugelegt und schmückt sich jetzt mit roten und gelben Blumen, und eine Ebene nach der anderen leuchtet auf.

Es herrscht eine gleichmäßige Wärme, die der Seelenruhe förderlich ist. Rabat, diese Stadt, der meine Liebe gehört, ist heute ganz still.

Das neue Haus des Hauptmanns liegt im weißen Labyrinth der arabischen Häuser und grenzt an die Moschee der Oudaias. Das Minarett überragt seinen unüberdachten Innenhof, und wenn man abends vom Salon zum Esszimmer geht und zu den Sternen emporblickt, hört man den Muezzin singen und sieht ihn wie vom Grund eines Brunnens aus.

Auf Wiedersehn, geliebte Maman. Noch einen Monat und ich habe Dich bestimmt in meine Arme geschlossen. Bis dahin umarme ich Dich ebenso zärtlich, wie ich Dich lieb habe.

Hast Du meinen langen Brief von voriger Woche erhalten?

Bitte, schicke noch heute mein Geld.

Dein getreuer Sohn

Antoine

44. Casablanca [1921]

Geliebte Maman,

wie geht es Dir in Deinem fernen Divonne?
Mir geht's relativ gut. Ich fliege viel in letzter Zeit, im Schnitt fast eine Stunde pro Tag.
Meine einzige Erwartung an leeren Tagen richtet sich auf Deine Briefe. Ich habe zu nichts Lust. Immer diese

Beklemmung, nicht zu wissen, wohin der Weg geht, Architektur, das dauert so lang, so ewig lang, und das traue ich mir gar nicht zu.
Soll ich's sagen? Gedichte, Zeichnungen, das alles ruht zutiefst in meiner Kiste, und was taugte es, nicht viel. Ich habe kein Vertrauen in mich.
Elendsland. Kein einziger Freund. Kein einziges Wesen, mit dem ich reden kann. Ich habe keine zehn Worte gewechselt in Gesprächen von der Art, die ich liebte. Bestenfalls beim Treffen mit Sabran, das einzige Mal, als ich in Rabat war [...]
Ich habe so gehofft, nach Fez fahren zu können, als die Braults[70] noch dort waren. Jetzt wäre es Wahnsinn.
Die Triangel per Flug kann man nicht mitzählen: Man landet für zehn Minuten in Bar–Rachid, Rabat oder anderswo, das reicht gerade, um seine Papiere abzeichnen zu lassen, ein bisschen durchzuatmen und aufzutanken.
Dann steigt man wieder auf, ist allein im Rumpf der Maschine und kämpft mit den Wirbeln.
Bald werde ich abhauen.
Liebste Maman, wenn Du mich frühmorgens sehen könntest, eingepackt wie ein Eskimo und schwerfällig wie ein Dickhäuter, was würdest Du lachen...
Ich trage einen Kopfschutz, der nur Augenschlitze frei lässt – Modell Strumpfmaske –, wenn überhaupt, denn auf besagten Augen habe ich auch noch eine Brille...
Um den Hals einen dicken Schal (den vom Onkel), Deinen weißen Jerseyschal und über alledem einen gefüt-

---

70 Seine Cousine Jeanne Churchill und ihr Gemahl, General Brault.

terten Overall. Mächtige Handschuhe und zwei Paar Socken in meinen Latschen.

45. Casablanca [1921]

Liebste Maman,

Du bist eine hinreißende Maman. Beim Öffnen Deines Pakets habe ich mich gefreut wie ein Kind. Was für Schätze kamen da zum Vorschein...
Leider sagen uns die Zeitungen, dass es kalt ist bei Euch! Wie lebt Ihr? Hier mildes Wetter. Es regnet nicht, und die Sonne leuchtet sanft.
Zu Weihnachten hatte ich Dir Fotos von mir geschickt und ein paar Skizzen, aber dazu hast Du, Maman, Dich nie geäußert. Ist das alles verloren gegangen? Bitte, sag es mir! Und auch, wie Du meine Skizzen findest!
Gestern habe ich einen Hund „nach der Natur" gezeichnet, er ist nicht schlecht gelungen, ich habe ihn ausgeschnitten und aufgeklebt. Wie findest Du ihn?
In letzter Zeit tolle Flüge. Vor allem heute früh. Aber keine Reisen mehr.
Vor vierzehn Tagen war ich in Kasbah Tadla, wo die

Grenze verläuft. Auf dem Hinflug, so allein in meiner Kiste, habe ich vor Kälte geweint, geheult! Ich war sehr hoch, weil Höhen zu überfliegen waren, und trotz meines gefütterten Overalls, meiner gefütterten Handschuhe etc., wäre ich, egal wo, gelandet, wenn das noch länger angedauert hätte. Es gab einen Moment, wo ich zwanzig Minuten brauchte, um die Hand in die Tasche zu stecken und die Karte herauszuholen, die ich nicht festgeklemmt hatte, weil ich die Route im Kopf zu haben glaubte. Ich habe mir in die Finger gebissen, weil sie mir so weh taten. Und erst die Füße…
Kein Reflex funktionierte mehr, und meine Kiste zockelte in alle Richtungen. Ich war ein armes, armseliges und in der Ferne verlorenes Etwas.
Der Rückflug nach einem opulenten Mittagsmahl war hingegen wundervoll. Aufgewärmt und aufgepäppelt flog ich, Orientierungspunkte wie Straßen und Ortschaften missachtend, geradewegs wie ein junger Gott nur nach Kompass. Für den Hinflug hatte ich zwei Stunden und vierzig Minuten gebraucht, zurück ein bisschen weniger. Heftige Wirbel bewältigte ich mit Bravour, und als ich in der Ferne Casablanca entdeckte, war ich voller Stolz wie die Kreuzritter, als ihnen Jerusalem vor Augen kam. Das Wetter war herrlich: Ich erblickte Casablanca aus achtzig Kilometer Entfernung! (Von Saint-Maurice bis Bellegarde.)
Was hat Brault Dir über meine Ausbildung gesagt?
Vermutlich werde ich noch im Februar bei Dir eintreffen, selbst wenn man mich zurückstellt oder ich meinen Abschied nehme, denn in dem Fall werde ich einen oder

zwei Nieuport-Monate bei Istres, in der Nähe von Marseille, absolvieren und gleich nach Ankunft zwanzig Tage oder einen Monat Urlaub bekommen.
Dann müsst Ihr das fette Kalb schlachten…
Auf Wiedersehen, liebste Maman, ich umarme Dich, schreib mir.

                    Dein getreuer Sohn,
                             Antoine

46.

                    Schifffahrtsgesellschaft Paquet,
                              [Januar 1922[71]]

Meine liebe Maman,

Tanger ist gestern in der Ferne verschwunden. Lebewohl, Marokko. Wir fahren an der spanischen Küste entlang, und sobald sich eine kleine weiße Stadt im Sonnenlicht abzeichnet, bezaubert uns mein Nachbar auf seinem Liegestuhl mit ihrem wohlklingenden Namen.
Das Meer ist meinem Magen gnädig. Nicht eine Wolke, nicht eine Welle. Das Essen ist recht gut, Zerstreuung eher rar. Niemand spielt Schach und ich habe alle meine Bücher ausgelesen. Ich habe mich im Essraum niedergelassen. Wohlwollenden Auges betrachte ich die Kellner, die die Tische eindecken. Eine tugendhafte Beschäftigung. Leider endet das Diner während des Sonnenuntergangs, und das wird mir das Dessert verderben.
Didi schreibt, dass sie mit mir nach Saint-Maurice zurückfährt. Das wird eine charmante Reise werden. Ich

---

71 Antoine war an Bord des Schiffes, das ihn wieder nach Frankreich brachte.

werde ihr sagen: „Wie geht es Euch, liebste Freundin", und sie wird sich vor den anderen Reisenden aufplustern.

Ich schreibe Dir schon jetzt, denn wahrscheinlich werde ich meinen Tag in Marseille mit törichten Plackereien wie einer ärztlichen Untersuchung Gott weiß wo und anderen bürokratischen Formalitäten anderswo verbringen müssen. So werde ich nicht eine Sekunde für mich haben, und falls Didi mich am Schiff abholen will, wozu sie den frommen Wunsch äußerte, fürchte ich, dass sie nur einen hastigen Kuss von mir bekommen wird. Dann darf sie ruhig wieder zum Tanzen nach Saint-Raphaël zurückkehren, bis ich meinerseits Istres[72] verlassen kann.

Hör zu, Maman, es war jetzt so heiß in Marokko, dass ich große Angst habe, in Saint-Maurice eine doppelte Bronchitis zu bekommen; lass doch mein Zimmer heizen, es wäre zu dumm, wenn ich krank würde! Kannst Du nicht Deine Reise nach Paris etwas vorverlegen, um mich mitzunehmen, sag doch, Maman? Wenn Du wüsstest, welches Heimweh ich habe nach seinen grauen Steinen, seinen symmetrischen Gärten und seinen Ausstellungen!

Über Marokko kann ich mich nicht beklagen, es war mir gnädig. Ich verbrachte Tage düsterer Melancholie in einer verfaulten Baracke, aber daran denke ich jetzt zurück wie an ein Leben voller Poesie. Außerdem gab es ja auch gute Phasen, und unsere seltenen, aber erlesenen Zusammenkünfte in Rabat werden mir unvergesslich bleiben.

---

72 Antoine wurde dorthin als Flugschüler versetzt.

Welche Freunde soll ich mitbringen? Du möchtest doch gewiss nicht, dass ich sie Marokko entreiße, damit sie acht Tage bei uns daheim verleben? Du meinst also Freunde in Frankreich, aber Salles und Bonnevie haben ihre Arbeit!

Das Schiff schwankt beunruhigend. Ich spüre, wie der Merlan vom Mittagessen in meinem Magen wieder aufwacht und sachte zappelt. Und doch ist der Himmel klar. Gib, lieber Gott, dass diese kleinen Wellen verschwinden.

Auf Wiedersehn, liebe Maman, öffne die Türen des Hauses und schlachte das fette Kalb. Fordere den Herrn Pfarrer in meinem Namen zum Schach heraus, sage Mimma und Moisi[73], wie fest ich sie alle beide umarme, und bitte Monot inständig, Régine[74] nichts von meiner Ankunft zu sagen, damit Louis die Überraschung erlebt, wie ich eines Abends in sein Zimmer eindringe.

Antoine

47. [Camp d'Avord, 1922[75]]

Liebste Maman,

eben las ich wieder Deinen so liebevollen Brief, den Du mir neulich geschrieben hast. Liebste Maman, wie gern wäre ich bei Dir! Wenn Du wüsstest, wie ich täglich lerne, Dich noch etwas mehr zu lieben. Ich schrieb die

---

73 Kinderfrau Antoines, der er in „Wind, Sand und Sterne" unter dem Namen „Fräulein Sophie" ein Denkmal setzte.
74 Régine de Bonnevie, Schwester von Louis de Bonnevie.
75 Antoine nahm als Leutnant der Reserve im Camp d'Avord an einer militärischen Übung teil.

letzten Tage nicht, denn wir haben gegenwärtig so viel zu tun!

Es ist schönes und mildes Wetter heute Abend, aber ich bin traurig, ich weiß nicht weshalb. Diese Ausbildung in Avord ist auf die Dauer so ermüdend. Ich brauche dringend eine Ruhekur in Saint-Maurice und Dich in meiner Nähe.

Was treibst Du, Maman? Malst Du? Du hast mir nichts von Deiner Ausstellung erzählt und auch nichts von Lépines Einschätzung.

Schreib mir! Deine Briefe tun mir gut; sie bringen mir Kühlung. Liebste Maman, wie bringst Du es fertig, so hinreißende Worte zu finden, die Du sagst? Sie bewegen einen den ganzen Tag.

Ich brauche Dich ebenso sehr wie damals, als ich noch klein war. Die Feldwebel, die Militärdisziplin, die Kurse über Taktik, was ist das alles für trockenes und sprödes Zeug! Ich sehe Dich vor mir, wie Du die Blumen im Salon ordnest und bekomme eine Wut auf sie: die Feldwebel.

Morgen werde ich mindestens fünfzig Kilometer in deine Richtung fliegen, um mir einzubilden, dass es dorthin geht.

Wie konnte ich Dich nur manchmal zum Weinen bringen? Wenn ich daran denke, bin ich so unglücklich. Ich ließ Dich an meiner Zärtlichkeit zweifeln. Wenn Du wüsstest, Maman, wie groß sie ist.

Du bist das Beste, was ich im Leben habe. Ich habe heute Abend Heimweh wie ein kleiner Junge! Wenn ich mir vorstelle, dass Du dort herumgehst und sprichst, und

dass wir zusammen sein könnten, und dass ich nichts von Deiner Zärtlichkeit habe, und dass auch ich Dir keine Stütze bin!
Mir ist wahrhaftig zum Heulen heute Abend. Du bist der einzige Trost, wenn man traurig ist. Als ich ein kleiner Junge war, kam ich mit meinem dicken Ranzen auf dem Rücken nach Hause, schluchzend, weil ich bestraft worden war – Du erinnerst Dich doch an Le Mans –, und durch nur einen Kuss von Dir war alles vergessen. Du warst ein allmächtiger Schutz gegen die Aufpasser und die Patres Präfekten. Man fühlte sich geborgen in Deinem Hause, man war in Sicherheit in Deinem Haus, man gehörte ganz Dir; wie gut war das.
Nun, jetzt ist das ebenso, Du bist meine Zuflucht, Du weißt alles, Du machst alles vergessen, und ob man will oder nicht, man fühlt sich wieder als kleiner Junge.
Maman, ich verlasse Dich. Die Arbeit wächst mir über den Kopf. Ich werde noch ein letztes Mal am Fenster frische Luft schöpfen. Die Kröten hier singen wie in Saint-Maurice, aber bei weitem nicht so gut!
Ich umarme Dich besonders zärtlich.
           Dein großer Sohn
               Antoine

48.

Avord [1922]

Meine liebe Maman,

hast Du endlich meinen Brief mit den beigelegten Grafiken erhalten? Ich schicke Dir hier noch eine. Deine Meinung?
Ich bin sehr glücklich mit meinem Los. Die Lehrgänge sind höchst interessant, was ich nicht zu hoffen gewagt hatte, und der Unterricht ist sehr gut aufgebaut.
Ich fliege etwa viermal pro Woche. Zweimal als Pilot, zweimal als Beobachter. Ich lerne eine Menge Tricks fotografischer, topografischer, telegrafischer Natur.
Aber besonders erfreut mich, dass ich jetzt, wie ich Dir schon sagte, fast aus dem Schneider bin.
Wie geht es Deinen Töchtern? Ist Minna in der Schweiz? Ich weiß absolut nichts. Ist Didi wieder in Saint-Maurice? Wann hat Monot ihre Prüfung?
Es ist recht hübsches Wetter, nur ein bisschen warm. Wenn wir nachmittags Terrainaufnehmen machen, zerfließen wir zu sanften Rinnsalen. Nur die Flüge verschaffen uns Kühlung.
Wir haben sehr viel zu tun, und selbst wenn es weniger interessant wäre als es ist, wäre es verdammt nützlich, um nicht einzurosten.
Hat Moisi meinen Brief bezüglich der Bücher erhalten? Sie möge sich doch bitte darum kümmern: Bald muss ich anfangen, mich auf die Aufnahmeprüfung der École Supérieure d'Aéronautique vorzubereiten. Wie ich Dir schon sagte, werde ich dort als Unteroffizier Kurse besuchen. Und werde fast – inklusive

Flugprämie – tausend Francs monatlich mein Eigen nennen.
Dann werde ich heiraten, eine kleine Wohnung, eine Köchin und eine liebreizende Frau haben.
Der Schneider, Maman, ein unnachgiebiger und gewinnsüchtiger Mann, fordert sein Geld, nicht mit großem Geschrei, aber mit kleinen verschlagenen Andeutungen. Könntest Du mir heute noch telegrafisch 200 Francs schicken?
Ich schreibe Dir aus meinem Zimmerchen, wo eine intime und herzerwärmende Unordnung herrscht. Meine Bücher, mein Réchaud, mein Schachbrett, meine Tinte und meine Zahnbürste drängen sich auf dem Tisch eng um mich.
Ich umfange mein Königreich mit einem weit schweifenden Blick, und meine Untertanen verflüchtigen sich nicht feige in irgendwelche Schubladentiefen.
Sie wünschen einen Riegel Schokolade? Warten Sie, da liegt einer, zwischen Kompassetui und Brennspiritusflasche …
Sie brauchen eine Füllfeder? Suchen Sie dort drüben in einer Schüssel. Dort dürfte ich sie hingelegt haben, um sie zu säubern.
An den Sonntagen, wenn ich nicht nach Paris fahre, d.h. jeden dritten (seit Ostern war ich nicht dort), würde ich gerne in einem Reitstall in Bourges reiten. Ein paar meiner Kameraden beraten schon insgeheim über diesen Plan.
Auf Wiedersehen, Maman, nimm mir mein unfreiwilliges Schweigen nicht übel.

Ich höre einen Flugzeugmotor grollen. Welch süße Musik…

49.
                                                         Paris [1922]

Maman,

Du hattest also meinen Brief nicht erhalten, daher wartete ich vergeblich auf Deine Antwort. Verzeih mir, liebste Maman.
Didi strahlt von innen heraus vor Glück. Bist Du auch zufrieden, liebste Maman? [76] Tante de Fontenailles war ein Schatz. […]
Heute Nachmittag war ich zum Tee bei einer Amerikanerin, einer engen Freundin von Tante Anaïs, „Miss Robertson". Dort gab es drei bezaubernde junge Mädchen

---

76 Seine Schwester Gabrielle hatte sich mit Pierre d'Agay verlobt.

zu sehen und köstliches Trockengebäck zu knabbern. Ich schwankte zwischen widersprüchlichen Sympathien. Sie antworteten alle drei gleichzeitig, lieben alle drei dasselbe Theaterstück und dieselbe Oper, nehmen die gleiche Menge Zucker in ihren Tee, und man hat gleichermaßen Lust, sie zu küssen, die eine wie die andere.

Alle drei brachen sie um fünf Uhr auf, und ich war dreifach traurig.

Ich fliege in Le Bourget und auch in Villacoublay, wohin das Ministerium mich abbeordert hat, um Akrobatik zu lernen. Ich steuere die Nieuport 29, das schnellste Flugzeug moderner Zeiten, einen immer zornigen kleinen Flitzer.

Etlichen meiner Freunde habe ich über Le Bourget die Lufttaufe verpasst: Ségogne, S... u.a. Sie wurden abwechselnd rot und blass, und ich lachte mir ins Fäustchen.

Ich lese ein wenig. Soeben las ich <u>Die Thibault</u> von Roger Martin du Gard zu Ende. Man könnte meinen, es sei Romain Rolland, aber es ist doch schwächer als sein <u>Jean Christophe</u>.

Ich merke, dass ich mit meinen Gedanken nicht bei der Sache bin, sondern bei meinen drei Amerikanerinnen.

Von Paris kennen sie die Comédie-Française und den Arc de Triomphe. Wie putzig. Sie waren nie im Kino, bewundernswert. Wenn sie den Kopf senken, dürften sich ihre Augen von alleine schließen wie die der Porzellanpuppen, und ich bin sicher, dass ich sie wiedererkennen würde in der Spielzeugabteilung des Louvre-Kaufhauses. Sie tanzen gern, „weil es recht lustig ist", und lieben die Musik, „weil es so hübsch ist". Den Eiffelturm mögen sie nicht, aber wenn man beteuern würde, er sei schön, würden alle drei ausrufen: „Ah ja, Sie haben recht."

Eine war in Rot, die andere in Grün, und die Dritte war in Blau, die eine blond, die andere dunkel und die Dritte kastanienbraun, aufeinander abgestimmt wie Deine drei kleinen Taschentücher, und mir wäre die Wahl schwergefallen.

Liebste Maman, finde mir eine wie diese, ich verlange gar nicht, dass sie mir literarische und idealistische Theorien vorträgt, N... langweilt mich zutiefst...

Gestern speiste ich mit Deinen Töchtern bei Jourdans zu Abend. Jetzt verlasse ich Dich aber und umarme Dich wie ich Dich liebe.

Antoine

50.

[Paris, 1923]

Liebste Maman,

wie geht es Dir? Ich habe Dir in den letzten Tagen nicht geschrieben, weil ich Tag für Tag auf eine Entscheidung hinsichtlich einer Anstellung warte und noch nichts in Händen habe. Und dennoch denke ich, Donnerstag oder Freitag kommen zu können.

Als Anhang zu einem Brief von L... habe ich Didi einen ellenlangen Brief geschrieben.

Vielleicht kann ich in der Nouvelle Revue Française eine Erzählung veröffentlichen.

In letzter Zeit habe ich ein paar Sachen geschrieben, die recht gut gelungen sind.

Der arme General Vidal ist recht krank. Ich habe heute Abend mit ihm telefoniert.

Yvonne traf ich mehrmals, Sudour einmal und die Jacques gestern.

In meinem Leben passiert absolut gar nichts, denn meine Tage verrinnen mit L…, friedvoll und sanft.

Dich möchte ich trotzdem gern wiedersehen. Wann trifft Didis Verlobter ein?

Ich logiere bei den Churchills, 7, Rue de Verneuil. Vielleicht liegen Briefe für mich bei mir daheim? Ich habe mein Zimmer vorgestern aufgegeben.

Auf Wiedersehen, liebste Maman. Ich umarme Dich aus ganzem Herzen, genau so wie ich Dich liebe.

Dein getreuer Sohn,
Antoine

51. [Paris,] Rue Vivienne 22 [Oktober 1923]

Liebste Maman,

ich muss so viel arbeiten, und meine Arbeit ist so stumpfsinnig, dass ich Dir nicht geschrieben habe. Ich mache mir Vorwürfe. Jetzt sitze ich unter der kleinen Lampe, die Du mir geschenkt hast, die ich lieb habe und die mir ein mildes Licht spendet. Ich bin so traurig, weil ich spüre, dass Du leidend bist.

Geht es Dir besser? Meine liebste Maman, ich war so stolz, Dich in Saint-Maurice besuchen zu können; Du hast alles so prächtig arrangiert; Du hast für das Glück

Deiner beiden Kinder so gut vorgesorgt. Ich liebte Dich so sehr, ohne es Dir sagen zu können. Meine primitiven Sorgen machten mich so verschlossen in letzter Zeit. Ich weiß, dass ich Dir mein ganzes Vertrauen schenken und Dir meinen Kummer erzählen sollte, damit Du mich trösten kannst, wie damals, als ich klein war und Dir all mein Leid herunterbetete. Ich weiß ja, dass Du Deinen Sohn, diesen Teufelskerl, so lieb hast. Du darfst mir nicht allzu böse sein, weil ich verbittert war; ich hatte schlimme Tage hinter mir. Jetzt bin ich darüber hinweg. Bin ja ein tapferer Junge. Wenn Du nach Paris kommst, werde ich mich bemühen, der liebevollste aller Söhne zu sein. Du musst in meinem Zimmer wohnen; dort bist Du besser aufgehoben als im Hotel, und am Abend hole ich Dich ab; dann werden wir zusammen dinieren, und ich erzähle Dir komische Geschichten, die ich Dir zuliebe gelernt habe; so wirst Du ein bisschen froh sein. Und dann wirst Du mein Glück zimmern. Ich weiß nicht, weshalb ich darauf versessen war, mich allein darum zu kümmern. Nur Du kannst alles einrenken. Ich lege alles in Deine Hände; Du wirst mit den höheren Mächten reden, und alles wird gut gehen. Ich bin jetzt wie ein ganz kleiner Junge; ich flüchte mich zu Dir. Ich weiß noch, wie Du den Pater Präfekten aufsuchtest und mein Nachsitzen aufgehoben wurde. Du musst also wieder zum Pater Präfekten ... Liebste Maman, Du bedeutest mir so viel. [...]
Liebste Maman, warst Du zufrieden mit mir in Saint-Maurice, habe ich meine Rolle als Bruder gut gespielt ...?
Ich war etwas gerührt. Und ich war auch so gerührt um

Deinetwillen … Das war die Krönung Deines Werks. Du hast viel Glück gestiftet.[77]

Meine heißgeliebte Maman, verzeih mir all den Kummer, den ich Dir bereitet habe.

Du musst mit mir ein Stück sehen, das äußerst beeindruckend ist. Ich sah es heute Abend; Yvonne hatte mich eingeladen: <u>La Maison avant tout</u> („Das Haus vor allem") von Pierre Hamp. Es wird Dir gefallen.

Gute Nacht, liebste Maman, segne mich. Hab mich lieb.

Antoine

52.

12, rue Petit [Paris, 1923]

Liebste Maman,

tausend Dank für Deine Postanweisung. Meine pekuniäre Lage ist so, so schlecht, da ich ja umziehen musste; daraus ergaben sich mehrfache Trinkgelder an die Putzfrau, die Concierge usw., Transport meiner Bücher, Übersehkoffer, Offizierskiste und obendrein dreihundert Francs für den Zahnarzt, der mir keinen Kredit einräumen wollte. – Ich bin arg in der Klemme. Es wird mir so schwerfallen, Biche zu besuchen.

Ein Ausweg bleibt mir offen: der Journalismus. Aber leider habe ich keine Sekunde Zeit für Recherchen, und mein Bekannter kann Artikel von mir nur in der Rubrik <u>Vermischtes</u> im <u>Matin</u> unterbringen.

Vielleicht gehe ich im Frühjahr oder diesen Winter nach

---

77 Anspielung auf die Hochzeit Gabrielle de Saint-Exupérys mit Pierre d'Agay am 11. Oktober 1923.

China, denn dort sucht man Piloten, und vielleicht könnte ich eine Fliegerschule leiten. Die pekuniären Bedingungen wären großartig. Ich tue gegenwärtig alles, was ich kann.

Mein Büro wird immer melancholischer, und meine trübsinnige Stimmung hält heimtückisch an. Auch deswegen würde ich gern reisen.

Tante Anaïs ist gewiss jetzt in Saint-Maurice; sie ist ein Schatz. Liebste Maman, wann gedenkst Du denn, wieder dort zu sein? Gern würde ich Dich dort wiedersehen und friedliche Tage verleben. Falls ich nach China reisen sollte, hätte ich vielleicht einen Monat frei.

Das Wetter ist trist. Trotzdem bin ich am Sonntag in Orly geflogen. Ich hatte einen sehr schönen Flug. Maman, ich liebe diesen Beruf über alles. Du kannst Dir nicht vorstellen, welch eine Ruhe, welch eine Einsamkeit einem in viertausend Metern zuteil wird, wenn man mit seinem Motor allein ist. Und dann die Kameradschaft auf dem Flugfeld. Man liegt im Gras und schläft, während man wartet, bis man an der Reihe ist. Man folgt mit den Augen dem Kameraden, dessen Maschine man erwartet, und erzählt sich Geschichten. Sie sind alle fantastisch. Sie handeln von Notlandungen auf freiem Feld, von kleinen unbekannten Nestern, wo der gerührte und patriotische Bürgermeister die Flieger zum Essen einlädt ... und von märchenhaften Abenteuern. Fast alle sind soeben erst erfunden, aber jeder ist entzückt, und wenn man dann selber startet, ist man in Abenteuerlaune und hoffnungsfroh. Doch es passiert nichts... und so tröstet man sich nach der Landung mit

einem Portwein oder indem man erzählt: „Mein Motor wurde aber heiß, Mensch, ich hatte eine Angst…"
Er wurde so wenig heiß, der arme Motor …
Die Hälfte meines Romans ist fertig, Maman. Ich glaube wirklich, das ist etwas Neues und Konzises. Sabran bekommt schon Schwindel. Unter meiner Ägide macht er gewaltige Fortschritte.
Das Leben mit Priou ist sehr angenehm, weil er den denkbar besten Charakter hat. Leider müssen wir am 15. Oktober die Wohnung aufgeben und eine neue suchen. Wir haben zwei in Aussicht. Hoffentlich werden die Kosten nicht zu hoch sein – (die Miete als solche ist glücklicherweise ziemlich niedrig) – Du wirst mir doch wohl einige Möbel und einige Betttücher geben?
Wer ist in Saint-Maurice? Wo ist Großmama?
Liebste Maman, ich umarme Dich von ganzem Herzen. Ich wünsche dir endlich Erholung. Sag Mimma, ich werde ihr schreiben […]

               Dein getreuer Sohn,

                     Antoine

53.

[Paris, März 1924]

Liebste Maman,

es kann sein, dass ich Anfang des nächsten Monats genug Geld habe, um einen Sonntag in Saint-Maurice zu verbringen; das wird bestimmt keine Strapaze für mich sein, und es würde mich so freuen, Dich und Biche und das Haus wiederzusehen. Du hast mir einen so liebevollen Brief geschrieben, Maman; es stimmt, dass ich eine ganze Weile nicht mehr ich selber war. Ich lebte während dieser acht Monate ein so ungewisses Leben, das mir so wenig Sicherheit bot. Du darfst mir deswegen nicht böse sein.

Jetzt ist alles völlig in Ordnung. Meine Arbeit ist nicht allzu langweilig, und daneben verfolge ich einige Projekte. Ich arbeite auch in kleinen Brocken an meinem Roman, den Louis[78] sehr bewundert.

Didi sollte mir schreiben; es stimmt, dass ich nicht antworte, doch das ist deshalb nicht so wichtig, weil ich noch nicht viel zu erzählen habe, aber das wird schon kommen … Was treibt sie denn ..?

Bei Priou mit einem Haufen alter Freunde ist es charmant und gemütlich. Yvonne hingegen ist seit einem Monat in der Provence; ich denke, sie wird bald wieder heimkommen.

Langweilst Du Dich auch nicht zu sehr da drunten, Maman? Weshalb fährst Du nicht wieder zu Didi, um dort zu malen und Dich aufzuwärmen? Zum Glück scheint ja in diesen Tagen ein wenig die Sonne, und so frierst Du vielleicht nicht allzu sehr.

Hast Du vor, meinen Mantel zu bezahlen? Der Wechsel ist Ende des Monats fällig. Darf ich ihn Dir schicken? Jedenfalls, wenn mir das Geschäft glückt, dessen Abschluss ich für Anfang April erwarte, zahle ich Dir's zurück, sobald ich zu Dir komme, denn ich möchte Dir nie mehr auf der Tasche liegen, aber momentan bin ich übel dran und wüsste nicht, wie ich zahlen sollte.

---

78 Louis de Bonnevie, der Freund.

Ich verlasse Dich, liebste Maman, und umarme Dich, so wie ich Dich lieb habe.

        Dein getreuer Sohn,

              Antoine

54.

[Paris, Juni 1924]

Liebste Maman,

ich hoffte sehr, zu den Wahlen kommen zu können, und dann ergab sich die einzigartige Gelegenheit, dass ich genau an diesem Sonntag Flugaufnahmen für meine Firma machen sollte. Das tat ich denn auch: ich möchte erreichen, dass sie eine kleine Sozietät bildet, die Luftaufnahmen für Fabriken herstellt und deren Leiter ich sein würde: hierfür bereite ich listig die einzelnen Schritte vor. Diesen hier konnte ich mir nicht entgehen lassen.

Im Augenblick verbringe ich meine Tage auf der Pariser Messe, wo ich in einer kleinen Baracke den Vorsitz führe. Meine Freunde besuchen mich dort, und ich unterhalte mich mit Hunderten von Besuchern, wobei ich ernst und würdig aussehe. Du würdest lachen, wenn Du mich dort sehen könntest. […]

Die Jacques' haben ihrem Sprössling das Geleit gegeben[79]. Er ist ohne große Begeisterung abgefahren. Das wird ihm guttun. Nichts gefiel mir so sehr wie dieses Leben als Soldat zweiter Klasse und diese sympathische Kameradschaft mit Mechanikern und Zuhältern. Sogar das Arrestlokal gefiel mir, wo man zotige Lieder sang.

---

79 François de Fonscolombe, Sohn von Jacques de Fonscolombe, Cousin von Antoine, der seinen Militärdienst antreten musste.

Mein Roman reift Seite um Seite.[80] Ich hoffe, Anfang des nächsten Monats zu kommen und ihn Dir zeigen zu können: ich glaube, er ist etwas ganz Neues. Ich habe soeben die Seiten geschrieben, die ich für die besten halte.

Liebste Maman, Du hast meine Freunde so reizend empfangen, dass ich ganz gerührt war. Vergib mir, dass ich Dir nicht besser dafür gedankt habe. […]

Meine Gesundheit ist gut, meine Freunde sind reizend. Ich bin wirklich vom Himmel gesegnet, dass ich solche gefunden habe. Ich hätte so gern eine Wohnung, um sie darin zu empfangen, möchte ein Heim haben und eine liebevolle, freundschaftliche Atmosphäre schaffen. Maman, in diesem modrigen Zimmer, in dem ich mich nicht heimisch fühle, kann ich nicht leben.

Es ist auch zu heiß, das ist ein weiteres Übel. Wie kannst Du nur die Sonne lieben? Maman, alle Leute schwitzen, es ist grässlich.

Tante Anaïs, die rundlich und optimistisch ist, führt mich jeden Mittwoch zum Essen aus. Wir besuchen der Reihe nach die Pariser Restaurants. Ich führe sie in kleine Lokale, sie fühlt sich dort glücklich, und wir reden über Politik, Literatur, über Gesellschaftsklatsch. Wir wirken wie ein Liebespaar. […]

So viel für heute, liebste Maman. Ich möchte Dir noch sagen, dass ich Saint-Maurice neulich herrlich fand und dass ich schnell wieder hinfahren möchte. Ich werde

---

80 Es handelt sich um den „Aviateur". Das Roman-Manuskript ging verloren.

versuchen, meinen Urlaub gleichzeitig mit Deiner Tochter Didi zu nehmen. Ich hätte auch liebend gern, dass Du mir Kirschen schicktest, eine große Kiste. Ist das möglich? Es würde mir solch eine Freude machen! Maman, meine Freunde sind sehr gerührt, dass Du sie auf diese Weise aufgenommen hast.
Ich umarme Dich zärtlichst.
Ich habe Dich sehr lieb, Maman.
Antoine

55. Paris, 70 bis, Boulevard Ornano [1924]
Liebste Maman,

[...] Ich friste ein trauriges Dasein in einem düsteren kleinen Hotel am Boulevard Ornano 70bis[81]. Das ist nicht sehr amüsant. Obendrein ist das Wetter abscheulich. All das wäre wirklich trostlos, wenn ...
Ich habe Dir lange nicht geschrieben, denn ich wollte abwarten, bis ich Dir eine großartige Neuigkeit vermelden könnte, und da alles in der Schwebe blieb, wollte ich Dir nicht von falschen Hoffnungen schreiben. Aber jetzt scheint das so ziemlich sicher zu sein. Ich nehme an, Du wirst Dich vor Freude nicht lassen können.
Ich habe eine neue Stellung in Aussicht. – Es ist in der Automobilbranche, ich soll bekommen:
1. Als Fixum: 12 000 im Jahr
2. Als Provision: etwa 25 000 im Jahr
Also zwischen 30 000 und 40 000 im Jahr und außer-

---

81 Er war damals Fabrikationsleiter einer Ziegelei.

dem ein kleines Auto, das mir gehört, in dem ich Dich spazieren fahren werde und Monot auch. Erst nächste Woche werde ich völlige Gewissheit haben, und wenn dem so ist, werde ich vermutlich gegen Freitag bei Dir eintreffen und etwa acht Tage bleiben. Ich wäre im Außendienst tätig und unabhängig. Es wäre meine erste Freude seit einem Jahr. Ich wäre unendlich glücklich darüber: Du auch.

Mein Hotel hingegen widert mich zu sehr an, und ich weiß keine andere Unterkunft.

Das einzig Lästige an dieser Stellung ist eine zweimonatige Ausbildung in der Fabrik, wobei ich als Arbeiter alle Abteilungen durchlaufen soll, um mich wirklich auszukennen. Ich weiß noch nicht, ob diese zwei Monate bezahlt werden. Aber danach werde ich ein beleibter und wohlhabender Monsieur sein.

Den gestrigen Abend verbrachte ich mit Priou bei Maille, die durch ihre Heirat mit Hennessy Frankreichs Botschafterin geworden ist … Sie stellte mich tausend Prominenten mit folgender Qualifikation vor: „… äußerst talentierter Literat!"

Wann kommt Simone? Sie fehlt mir sehr. Sag ihr, ich würde sie diesen Winter in einem entzückenden kleinen Wagen spazieren fahren … und sie zum Diner einladen, sobald ich eine Wohnung habe (schade, dass ich nicht mehr bei Priou wohnen kann).

Liebste Maman, Mittwoch schreibe ich Dir, wie es mit dieser maßlosen, maßlosen Hoffnung steht, die Gestalt anzunehmen scheint. Und wenn ich kann, komme ich zu Dir; wenn nicht, kommst Du ja wohl über Paris?

Ich umarme Dich von ganzem Herzen, so wie ich Dich lieb habe,

Antoine

Ich hätte es, das schwöre ich Dir, wahrlich verdient, ein wenig glücklich sein zu dürfen.

56.

Paris, 70 bis, Boulevard Ornano [1924]

Liebste Maman,

so bin ich nun sehr zufrieden. Ich habe einen bestimmt sehr schönen Posten in Aussicht. Ich habe die Akten der drei mir zugeteilten Départements (Allier, Cher, Creuse) durchgearbeitet, sie sind vielversprechend, und die Saurer-Wagen werden dort sehr geschätzt. Das kommt mir sehr zupass.[82]

Endlich geht nun mein Praktikum zu Ende, das nicht langweilig, aber ermüdend und zeitraubend ist. Ab morgen werde ich in meine letzte Abteilung (Reparaturen und Kundendienst) versetzt; mit dem ganzen Betrieb und auch meinen Kameraden, den Vertretern, die reizend und gefällig sind, verstehe ich mich ausgezeichnet. Endlich bin ich nun meine Existenzsorgen los. Ich habe den kleinen, ganz kleinen Wunsch zu heiraten, aber ich weiß nicht wen. Und außerdem verfüge ich über einen großen Vorrat an Vaterliebe. Ich hätte gern viele kleine Antoines …

Auf jeden Fall: wenn ich ein junges Mädchen finden

---

82 Antoine sollte eine Vertretung für die Saurer Lastwagen übernehmen.

sollte, das der Mühe wert ist, so habe ich jetzt eine Stellung, die es mir erlaubt, um sie anzuhalten. […]
Gesundheitlich fühle ich mich stark und kräftig. In dieser Hinsicht war meine Ausbildung eine Kur. Für ein Büro von zwei Quadratmetern war ich nicht geeignet.
Maman, ich habe noch eine Freude im Leben: meine Freunde sind so großartig zu mir, wie Du Dir's nicht vorstellen kannst. Ihre Sympathie ist im Augenblick epidemisch. Bonnevie lässt ständig von sich hören. Aus Sallès' Briefen spricht eine so tiefe Freundschaft, dass ich gerührt bin. Ségogne ist ein Engel. Die Schwestern Saussine sind Schutzengel[83], von Yvonne und Mapie ganz zu schweigen …
Maman, Mapie ist etwas Schreckliches passiert. Du musst ihr ein paar Zeilen schreiben. Sie hat soeben ihre sieben Monate alte Tochter verloren. Ihr Mann war gerade auf drei Monate nach Amerika gefahren. Sie ist unterwegs, um ihn dort zu treffen. Es wird sie trösten, wenn Du ihr ein paar freundliche und schlichte Worte schreibst, wie Du das kannst. […] Sie hat mir wirklich mit so viel Takt in schwierigen Augenblicken geholfen. Tu es mir zuliebe.
Ich habe einen alten Freund aus dem Gymnasium, einen Marineoffizier, wieder getroffen, der ein recht kultivierter Knabe geworden ist und vieles gesehen, begriffen und bedacht hat. Das hilft mir wunderbar weiter. Wir sehen uns zusammen so allerlei auf künstlerischem Gebiet an, Theaterstücke und Ausstellungen; dann diskutieren wir.

---

83 Renée und Laure de Saussine (siehe *Briefe an Rinette* von Antoine de Saint-Exupéry).

Er sieht so vieles so bestechend klar, und das empfinde ich als gesund und belebend. Ich bin richtig froh.

Simone blüht und gedeiht auf den Wegen des Herrn. Ihr Referat war das beste.[84] Und sie war nicht die Einzige, die eins schrieb. Seitdem steht sie erst mittags auf.

Ich freue mich sehr zu hören, dass es Mimma besser geht. Meine Erzählung[85] und ihre[86] warten auf das Ende meiner Ausbildung, um getippt zu werden, denn dreizehn Arbeitsstunden täglich reichen mir, aber sage ihr, dass es <u>nicht mehr lange</u> dauern wird. […]

        Ich umarme Dich,

Antoine

57. [Paris,] 70 bis, Boulevard Ornano [1924]

Liebste Maman,

Dank von ganzem Herzen, Du bist ein Schatz. Deine kandierten Früchte sind voller Sonne. Die Socken kenne ich noch nicht, aber ich zittere, denn Du liebst sie mit leuchtenden Farben …

Ich bin etwas abgespannt, aber ich arbeite wie ein Gott. Meine allgemeinen Vorstellungen über Lastwagen, die verschwommen waren, präzisieren und klären sich. Ich denke, ich bin bald in der Lage, Lastwagen ganz allein auseinanderzunehmen.

Meine allerliebste Maman, wirst Du in Paris bei mir

---

84 Simone de Saint-Exupéry besuchte die École des Chartes, die Hochschule zur Ausbildung von Archivaren, Bibliothekaren etc.
85 *L'Aviateur.*
86 *Les Amis de Biche* (Biches Freunde).

wohnen, wenn ich ein gewichtiger Herr sein werde? Mein Zimmer ist so trist, und ich bringe nicht den Mut auf, meine Kragen und meine Schuhe voneinander zu trennen …

Mein Roman bleibt etwas liegen, aber ich mache erhebliche innere Fortschritte, denn ich zwinge mich dazu, jede Sekunde zu beobachten[87]. Ich sammle.

Aber schließlich werde ich in einem Monat, vielleicht sogar schon früher, im Berufsleben stehen und Anspruch auf Freizeit haben. (Mein jetziges Leben ist übrigens keine Sekunde lang unerfreulich.)

Ich muss mich jetzt um meinen Wagen kümmern. Könntest Du mir schon gleich ein Konto beim Crédit Lyonnais eröffnen, wie Du es mir vorschlägst? Aber, Maman, in Saint-Maurice hatten wir von 10 000 gesprochen, was sogar <u>knapp</u> war, denn ich muss ja (für meinen Wagen) eine Versicherung abschließen und mir Anzüge machen lassen, denn abgesehen von meinem Frack und meinem Mantel stammen meine jetzigen aus der Zeit meiner Entlassung vom Militär. Außerdem wird mir mein erster Reisemonat erst am Ende bezahlt. Und vielleicht [muss ich] auch Unterkunft zahlen?

Aber Du schuldest uns <u>nicht einen Sou</u>. Also schick mir, so viel Du willst. Je eher es geschieht, umso mehr spare ich, denn Suresnes ruiniert mich durch Taxis, wenn man mich morgens zu spät weckt.[88]

---

[87] Es handelt sich um Antoines erstes Werk *L'Aviateur* (Der Flieger), das 1926 in der Zeitschrift *Le Navire d'Argent* von Adrienne Monnier veröffentlicht wurde.
[88] Die Fabrik, in der er arbeitete, liegt in Suresnes, einem Pariser Vorort.

Maman, ich hoffe sehr, dass ich Dir eines Tages meinerseits helfen und Dir das alles ein wenig entgelten kann. Man muss ein bisschen Vertrauen in mich haben. Ich schufte wie ein Ochse.
Ich umarme Dich zärtlich, so wie ich Dich lieb habe.
>> Dein getreuer Sohn
>> Antoine

N.B. Beachte meine Hausnummer (es ist 70 bis). […]

58. [Paris, 1924]

Liebste Maman,

Yvonne hat mich im Auto nach Fontainebleau mitgenommen. Es war eine reizende Spazierfahrt. Zu Abend gegessen habe ich bei Ségogne[89].
… X ist wieder nach Marokko abgereist. – Hier die Ergebnisse meiner Erziehung:
Er schreibt mir:
„… Alles, was Du mir sagtest, habe ich genau verstanden. Sowohl das, was Du mich lehrtest, als auch das, was ich schon verschwommen empfand und Du mir deutlich machtest, weil Du zu denken weißt und Deine Gedanken klar und einfach ausdrücken kannst …"
„… Wenn ich an die Wohltat denke, die Du mir erwiesen hast, und an die Fortschritte, die ich Dir zu verdanken habe, so …"

---

89 Henri de Ségogne, besonders enger Freund seit der Schulzeit (1917).

„… Als ich neulich mit Dir mehrmals sprach, spürte ich, wie viel ich noch arbeiten müsste, um Dein Niveau zu erreichen und die Welt von Deinem Standpunkt aus zu betrachten …"

„…Wenn Du wüsstest, wie ich Dich bewundere, sowohl für das, was Du schon geleistet hast, als auch für das Ergebnis…"

Ein ganz klein wenig habe ich aus ihm ein menschliches Wesen gemacht, indem ich ihn in Kontakt mit der Außenwelt gesetzt habe. Ich bin ziemlich stolz auf den Erfolg meiner Ideen über die Erziehung zum Denken. Alles wird gelehrt, nur das nicht. Man lernt schreiben, singen, sich korrekt ausdrücken, sich bewegen, aber niemals denken. Und man lässt sich durch Worte leiten, und die führen sogar die Gefühle hinters Licht. Doch ich will es menschlich und nicht akademisch. […]

Mir ist aufgefallen, dass die Menschen, wenn sie reden oder schreiben, plötzlich aufhören zu denken und künstliche Schlussfolgerungen anstellen. Sie verwenden Worte wie eine Rechenmaschine, aus denen eine Wahrheit hervorgehen soll. Das ist idiotisch. Es kommt nicht darauf an zu lernen, wie man Schlüsse zieht, sondern wie man keine Schlüsse mehr zieht. Man braucht nicht durch eine Folge von Worten hindurchzugehen, um etwas zu begreifen, oder vielmehr: sie verfälschen alles; man schenkt ihnen Vertrauen.

Meine ganze Pädagogik klärt sich, und daraus mache ich mein Buch. Es ist das innere Drama eines Menschen, der allmählich zum Vorschein kommt. Die anfängliche Bloßlegung muss brutal sein. Es gilt, seinen Schüler zunächst zu entblößen, damit man ihm beweisen kann, dass er nichts ist, wie X ...

Ich verabscheue gewisse Leute, die schreiben, um sich zu amüsieren und weil sie auf Effekthascherei setzen. Man muss etwas zu sagen haben.

Ich habe also X. beigebracht, inwiefern die Worte, die er aufreihte, künstlich und unnütz waren, und dass der Fehler nicht in mangelnder Arbeit, was sich leicht berichtigen ließe, sondern in einem tiefgehenden Defekt seiner Sehweise bestand, der allem zu Grunde lag, und dass er nicht seinen Stil, sondern sein ganzes inneres Leben – Verstand und Sichtweise – umerziehen müsse, bevor er mit Schreiben beginnen könne.

So hat er zunächst Widerwillen gegen sich selber bekommen, eine heilsame Hygiene, die ich auch durchgemacht habe, dann aber schließlich begriffen, dass man auf andere Weise sehen und verstehen kann, und nun kann etwas aus ihm werden. Er bezeugt mir eine schmeichelhafte Dankbarkeit ...

Ich verlasse Dich, es ist an der Zeit.

Ich umarme Dich von ganzem Herzen, wie ich Dich lieb habe.

    Dein getreuer Sohn,

        Antoine

59.   [Paris, Sommer 1924]

Meine liebe, arme Maman,

ich bin schrecklich beunruhigt über das, was Didi mir schreibt; an etwas so Ernstes hatte ich gar nicht gedacht, möchtest Du, dass ich komme? Ich kann Samstag abfahren, zumal ich meine Stellung aufgeben und wieder bei meinem Versicherungsmann eintreten möchte; auch müsste ich ein paar Tage in Lyon verbringen, um ein Geschäft zuwege zu bringen.
Wie ist denn diese Krankheit so brutal zum Ausbruch gekommen?[90]
Wenn Du willst, dass ich komme, brauchst Du mir nur ein Wort zu schreiben. Biches Chamäleon werde ich ihr auf jeden Fall Samstag schicken, falls ich es nicht selber mitbringe. Ich verlasse Dich, liebste Maman, und umarme Dich, so stark ich kann, ebenso Mimma, Didi und Simone. […]

Antoine

60.   [Paris, Sommer 1924]

Liebste Maman,

ich erhielt Deinen etwas beruhigenden Brief. Am gleichen Abend, an dem mir Simone gerade die schlechten Nachrichten am Telefon durchgegeben hatte. Ich wollte

---

90 Marie-Madeleine de Saint-Exupéry, Antoines Schwester, sollte zwei Jahre später sterben. Sie ist Verfasserin eines Bandes, in dem Erzählungen über Blumen und Tiere vereinigt sind und der im Jahre 1927 bei Lardanchet in Lyon unter dem Titel *Les amis de Biche* veröffentlicht wurde.

Dir telegrafieren. Doch ich bin nun etwas weniger besorgt, glücklicherweise.
Wann meinst Du denn, arme, liebste Maman, dass Du Dich etwas ausruhen kannst? Könntest Du nicht nach Agay fahren oder einige Tage hierherkommen? Das Wetter ist nicht besonders schön, aber immerhin.
Ich schreibe Dir aus meinem Büro. Ich durchstöbere die Akten meiner zukünftigen Kunden. Im Laufe des Monats werde ich nach Montluçon fahren und die umliegenden Ortschaften besuchen. Ich hoffe, Geschäfte abschließen zu können. Im Betrieb ist man reizend zu mir, und wenn ich wüsste, dass Du etwas ruhiger bist und dass es Mimma besser geht, wäre ich restlos glücklich. Doch es ist zu traurig, Dich in solchen Sorgen zu wissen. [...]
Am Sonntag habe ich in Orly geflogen (und bin seitdem auf einem Ohr etwas taub. Allmählich gibt sich das aber). Wenn ich erst reich bin, werde ich ein eigenes kleines Flugzeug haben und Dich damit in Saint-Raphaël besuchen.
Gestern Abend Dîner bei den Jacques'. [...] Sie haben wirklich ein goldenes Herz. Eine russische Kartenlegerin sagte mir eine nahe bevorstehende Hochzeit mit einer jungen Witwe voraus, die ich noch vor Ablauf der Woche kennenlernen würde. So bin ich nun äußerst gespannt!
Auf Wiedersehen, liebste Maman, ich umarme Dich von ganzem Herzen, so wie ich Dich lieb habe, wie auch Mimma.
   Dein getreuer Sohn,
      Antoine

61.   [Paris, 1925]

Liebste Maman,

ich wünsche Dir ein Jahr mit etwas Glück; das ist dem Himmel hoffentlich nicht zu viel verlangt. […]
Es würde mich irrsinnig freuen, Euch wiederzusehn: den Süden, Didi, Mimma und vor allem Dich – und andererseits wäre es verrückt, hinzufahren, denn ich muss am Ersten zweihundertfünfzig Francs für das Zimmer berappen und fünfzig Francs zurückzahlen, so dass mir nur noch fünfzig Francs übrig blieben. Ich schwöre Dir, liebste Maman, dass ich diesmal vernünftig bin und ein <u>großes</u> Opfer bringe, aber es bedrückt mich, Dir so zur Last zu fallen, und ich kann es jedenfalls nicht verantworten, dass Du diese Reise bezahlst.
Nur bin ich recht trübsinniger Stimmung. Vor allem, sobald ich mich entschlossen habe zu bleiben, wozu ich noch nicht den Mut aufbrachte. Aber, liebste Maman, wenn ich fahren sollte, müsste ich Dich schon am Tag meiner Rückkehr wieder um Geld bitten, und ich muss ja nun einmal leben, während durch Deine Sendung doch wenigstens mein Zimmer bezahlt wäre! Und es ginge mir gegen den Strich, Dich darum zu bitten.
Liebste Maman, ich bin es restlos leid, nie mit meinem Geld auszukommen – daher fände ich es auch nicht anständig, nur zu meinem Vergnügen und damit ich zwei Tage bei Euch sein kann, diese dreihundertfünfzig Francs auszugeben. Ich umarme Dich sehr zärtlich.

                Dein getreuer Sohn,
                      Antoine

62. [Paris, 1925]

Liebe alte Didi,

Dank für das Foto, das mir Simone heute früh gebracht hat. Es macht mein Hotelzimmer etwas heiterer. Hoffentlich kann ich Dir später das gleiche Geschenk machen. Ich hätte ziemlich Lust zu heiraten und ebenso reizende Kinder zu bekommen wie Deins. Aber dazu gehören zwei, und ich habe bisher nur eine einzige Frau kennengelernt, die mir gefiel.
Ich bin sehr zufrieden mit meiner Fabrik und sie mit mir. Falls ich einige Lastwagen verkaufe, werde ich diesen Sommer mit dem Auto nach Agay kommen und dort ein paar Tage verbringen. Ich kann Dich dann etwas im Süden spazieren fahren. Ich werde mit einem Citroën anfangen, aber das erste Geld, das ich einnehme, dazu verwenden, um ihn gegen einen schnellen Wagen einzutauschen: vielleicht wird mich das etwas über die Fliegerei hinwegtrösten.
Ich habe wieder Hoffnung auf eine kleine Wohnung. In diesem Fall wäre es unverzeihlich, wenn Du nicht mit Deinem Mann und Deinem Sohn einige Tage nach Paris kämst […].
Verzeih mir bitte, dass ich Dir nicht häufiger schreibe, aber Du bist derart fern. Ich kenne weder Dein Haus noch Dein Leben noch (kaum) Deinen Sohn. – Ich habe Dich in zwei Jahren acht Tage lang gesehen […].
Da herrscht natürlich nicht mehr die gleiche Vertraulichkeit. Aber trotzdem habe ich Dich von ganzem Herzen lieb.

Simone kam ganz verliebt in Deinen Sohn zurück. Ich gab ihr zu bedenken, dass er noch recht jung ist, und dass es sich überdies zwischen Tante und Neffen nicht schickt […].
Simone interessiert sich leidenschaftlich für mittelalterliche Manuskripte. Sie arbeitet wie wild. Sie bleibt sich immer gleich, die Kleine.
Ich selber fahre im Laufe der Woche für vierzehn Tage nach Norden, um mich im Bezirk eines Kollegen mit meiner Tätigkeit besser vertraut zu machen. Wir werden täglich 150 Kilometer im Auto fahren. Das verspricht, nicht langweilig zu werden.
Ich führe ein philosophisches Leben. Ich sehe […] meine Freunde so oft wie möglich. Ich habe ganz prächtige. Das ist mir ein Trost.
Und ich warte darauf, einem Mädchen zu begegnen, das recht hübsch sein muss und recht klug und voller Charme und fröhlich und nicht anstrengend und treu und … das aber werde ich kaum finden.
Und so mache ich eintönig all den Colettes, den Paulettes, den Suzys, den Daisys, den Gabys den Hof, die in Serien produziert werden und nach zwei Stunden langweilen. Das ist wie mit den Wartesälen.
Das war's für heute…
Auf Wiedersehn, Biche. Ich umarme Dich ganz fest.
          Dein großer Bruder,
                  Antoine

63. Postlagernd, Montluçon (Allier), [1925]

Liebste Maman,

nun bin ich hier in der lieblichen Stadt Montluçon. Einer Stadt, die ich um neun Uhr abends schlafend antraf. Morgen fange ich mit der Arbeit an, ich hoffe, es klappt einigermaßen, obwohl die Geschäfte etwas stagnieren. Du musst mir nicht allzu böse sein wegen meines Briefes an Didi; als ich ihn schrieb, war ich zutiefst niedergeschlagen. Was die Frauen angeht, von denen Du mir sprichst, so steht es mit ihnen wie mit den Freunden. Ich kann es nicht mehr ertragen, wenn ich bei einem Menschen nicht das finde, was ich suche, und ich bin stets enttäuscht, sobald ich herausfinde, dass eine Einstellung, die mir interessant vorkam, bloß ein leicht durchschaubarer Mechanismus ist; dann bin ich angewidert. Und ich verüble es dieser Person. Mit ganz vielen Dingen und ganz vielen Leuten will ich nichts mehr zu tun haben, das ist stärker als ich.

Im kleinen Salon dieses kleinen Provinzhotels habe ich einen großartigen Gecken vor mir, der hochtrabende Reden führt: einen hiesigen Schlossherrn, wie mir scheint. Er ist albern und überflüssig und macht Lärm. Solche Leute kann ich nicht mehr ausstehen, und falls ich eine Frau heirate, bei der ich später entdecke, dass sie solche Leute schätzt, wäre ich der unglücklichste Mensch der Welt. Sie darf nur gescheite Leute gern haben. Es ist mir jetzt nicht mehr möglich, bei den Y. und Co. zu verkehren; ich kann dort nicht mehr den Mund auftun. Ich brauche Menschen, die mich etwas lehren.

Was ich Dir über X sagte, kann Dir doch keinen Kummer gemacht haben. Ich habe gar nichts übrig für diese Pseudo-Kultiviertheit, für diese Manie, überall nach unechten Vorwänden für Gefühlsergüsse zu suchen, für all diese gemütvollen Gemeinplätze, aus denen keinerlei wirkliche und einträgliche Wissbegierde spricht. Nie erinnern sie sich an ein Buch oder ein Erlebnis, außer wenn es frappiert oder sich stilisieren lässt. Ich liebe diese Leute nicht, die ritterliche Empfindungen hegen, wenn sie sich auf einem Maskenball als Musketiere kostümieren. [...]
Maman, ich habe Freunde, die mich weit besser kennen als jene, und die mich wirklich gern haben, und denen ich das vergelte. Das ist doch ein Beweis, dass ich etwas tauge. In der Familie gelte ich immer noch als ein oberflächliches, geschwätziges, genusssüchtiges Geschöpf; ich, der ich doch sogar bei Vergnügungen immer nur etwas lernen möchte; der ich die Hornissen der Nachtlokale nicht ausstehen kann und fast nie mehr den Mund auftue, weil mich die sinnlosen Unterhaltungen anöden. Ich möchte solche Leute nicht einmal eines Besseren belehren; das ist völlig überflüssig.
Ich bin so verschieden von dem, was ich einmal war. Es genügt mir, dass Du das weißt und mich ein bisschen schätzt. Du hast meinen Brief an Didi falsch verstanden. Es sprach Abscheu daraus, kein Zynismus. Wenn man müde ist, wird man am Abend so. Jeden Abend ziehe ich die Bilanz meines Tages: hat er mir persönlich nichts gebracht, werde ich böse gegen die, die ihn mir verdorben haben und in die ich Vertrauen gesetzt hatte.

Du darfst mir nicht böse sein, weil ich fast nicht mehr schreibe. Der Alltag ist ja so unbedeutend und gleichförmig. Das innere Leben ist schwer in Worte zu fassen, es besteht da eine gewisse Scham. Es ist so anmaßend, davon zu reden. Du kannst Dir nicht vorstellen, wie sehr das das Einzige ist, das für mich zählt; alle Werte werden dadurch verändert, sogar in meinem Urteil über andere. Ein „guter" Kerl sagt mir nichts, wenn er bloß oberflächliche Rührung ausdrückt. Will man wissen, wie ich bin, muss man mich in dem suchen, was ich schreibe und was das gewissenhafte und durchdachte Ergebnis meiner Gedanken und Beobachtungen darstellt. In der Ruhe meiner Stube oder eines Bistros kann ich mich so recht mir selber gegenübersetzen, kann jede billige Formulierung, jede literarische Mogelei vermeiden und mich kraftvoll ausdrücken. Da fühle ich mich dann ehrlich und gewissenhaft. Alles ist mir unerträglich, was nur frappieren soll und die Blickrichtung verfälscht, um auf die Fantasie einzuwirken. Viele Autoren, die ich gern hatte, weil sie mir ein allzu billiges geistiges Vergnügen verschafften – wie Caféhausmelodien, die einem auf die Nerven gehen – verabscheue ich ehrlich. Du kannst wirklich nicht mehr von mir verlangen, im Neujahrsbriefstil oder ähnlich zu schreiben.
Maman, ich bin eher hart gegen mich selbst und habe doch wohl das Recht, bei den anderen abzulehnen, was ich bei mir selbst ablehne oder korrigiere. Ich bin jetzt frei von jeder gedanklichen Koketterie, die sich bei dem, was man sieht und schreibt, stets auswirkt. Was soll ich denn schreiben, dass ich ein Bad genommen ... oder bei

den Jacques' diniert habe! In dieser Hinsicht ist mir alles so gleichgültig.

Ich liebe Dich wirklich aus tiefstem Herzen, liebste Maman. Verzeih mir bitte, dass ich nicht leicht an die Oberfläche komme und ganz in mich gekehrt bleibe. Man ist eben so, wie man sein kann, und manchmal ist das sogar ganz schön schwer. Es gibt nur recht wenige Menschen, die sagen könnten, dass ich sie wirklich ins Vertrauen gezogen habe, und dass sie mich auch nur ein bisschen kennen. Du bist wirklich der Mensch, der immer am meisten davon erfahren hat, und Du kennst auch etwas die andere Seite dieses geschwätzigen und oberflächlichen Burschen, wie ich ihn gegenüber Y herauskehre ... Denn es ist fast ein wenig würdelos, sich jedermann zu öffnen.

Ich umarme Dich aus tiefstem Herzen, Maman.

Antoine

64. [Paris, 1925]

Liebste Maman,

nun bin ich wieder in Paris, 70 <u>bis</u> Boulevard Ornano. Als ich nach Montluçon[91] zurückkam, fand ich Deine beiden Briefe vor, die dort auf mich warteten. Du bist eine großartige Maman. Ich möchte als Sohn so sein wie Du.

Liebste Maman, als ich auf meiner stillen Reise – vierzehn Tage ganz allein – Station machte, um meine post-

---

91 Regionalvertretung der Saurer-Werke.

lagernden Briefe abzuholen, da hat, so glaube ich, kein Brief mir so viel Freude bereitet wie die Deinen. Ich las sie in einem kleinen Provinzrestaurant, wo ich auf den Zug wartete. Maman, ich muss Dir sagen, wie ich Dich bewundere und Dich lieb habe, wenn ich's auch selten und ungeschickt sage. Eine Liebe wie die Deine gibt einem Sicherheit, und ich glaube, man braucht lange, um es zu begreifen. Maman, es ist nötig, dass ich es tagtäglich besser begreife und dass Dir Dein Leben vergolten wird, das um unseretwillen gelebt wurde. Ich habe Dich viel zu oft allein gelassen. Ich muss zu einem großen Freund für Dich werden.

Ich sah zahllose Provinzstädtchen mit winzigen Bähnchen und kleinen Cafés, in denen man Manille spielte. Sallès besuchte mich am Sonntag in Montluçon; was für ein treuer, alter Freund! Wir waren zusammen auf dem wöchentlichen Tanzabend, einem Provinzball, wo die Familienmütter um ihre „Fräulein Töchter", die in Rosa oder Blau mit den Söhnen der Ladeninhaber tanzten, ein Karree bildeten. Ich machte die Bekanntschaft eines guten Violinisten, der früher im Concert Colonne[92] spielte, aber jetzt ganz still in Montluçon wirkt. Er bezauberte Sallès und mich.

Ich lernte auch einen jener Typen kennen, die sich wegen eines Trauerfalls in die Provinz zurückgezogen haben, nichts mehr tun, nichts mehr lesen. Geniès[93] pflegte sie

---

92 Édouard Colonne (1838–1910), Dirigent und Gründer des Concert national, das später seinen Namen bekam.
93 Der Arzt Geniès, der aufgrund seiner Ratschläge Saint-Exupérys Stil stark beeinflusste.

Selbstmörder zu nennen. Wir spielten zusammen Schach, und er nahm mich in sein Haus mit, wo eine heillose Unordnung herrschte. Schade, die Bilder, die er malte, waren nicht übel. Und wie steht es mit Deinen? Ich umarme Dich fest, Maman, kommst Du mich besuchen?

Antoine

65. [Paris, Winter 1925-1926]

Liebste Maman,

ich habe erfrorene Finger vom Chauffieren. Es ist Mitternacht. Ich habe gerade meinen Hut aufs Bett geworfen und spüre meine ganze Einsamkeit.
Ich fand Deine Zeilen vor, als ich heimkam. Sie leisten mir Gesellschaft. Du kannst Dir sagen, Maman: selbst wenn man nicht schreibt, selbst wenn man ein böser Junge ist, geht einem doch nichts über Deine Zärtlichkeit. Aber das sind Dinge, die sich nicht ausdrücken lassen und die ich niemals aussprechen konnte, aber es steckt so tief drinnen, es ist so gewiss, so beständig. Ich hab Dich so lieb, wie ich nie jemanden lieb gehabt habe.
Ich war mit Escot im Kino. Ein schlechter Film mit geschwindelten Gefühlen, ohne untergründigen Zusammenhang. So was widert mich an, wie auch allein schon die Begegnung mit einer Menschenmenge am Abend, aber das kommt daher, weil ich allein bin.
Ich kampiere nur kurz in Paris wegen eines Ärgers mit dem Wagen. Meine Ankunft erinnert etwas an die

Rückkehr eines Forschers aus Afrika. Ich rufe diesen und jenen an. Ich gehe meine Freundschaften durch. Der eine ist verabredet, der andere nicht zu Hause. Ihr Leben geht weiter seinen Gang, ich komme aus der Ferne. Da melde ich mich bei Escot, der ein einsames Leben führt, und so gehen wir zusammen ins Kino. Das ist alles.

Maman, was ich von einer Frau verlange, ist, dass sie diese Unruhe stillt. Das braucht jeder so nötig. Du kannst Dir nicht vorstellen, wie schwerfällig ich bin und wie ich meine Jugend als nutzlos empfinde. Du kannst Dir nicht vorstellen, was eine Frau zu geben vermag, was sie zu geben vermöchte.

Ich bin zu allein in dieser Stube.

Glaube nicht, Maman, dass mein Trübsinn unüberwindlich wäre. Das ist immer so, wenn ich die Tür aufmache, meinen Hut hinwerfe und spüre, dass ein Tag zu Ende ist, der mir zwischen den Fingern zerrann.

Wenn ich täglich schreiben würde, wäre ich glücklich, denn dann bliebe etwas zurück.

Nichts entzückt mich so sehr, als wenn ich sagen höre: „Wie jung Du noch bist!", denn ich habe ein solches Bedürfnis danach, jung zu sein.

Nur liebe ich die Menschen nicht, die das Glück satt gemacht hat wie S… und die sich nicht weiterentwickeln. Man muss etwas unruhig sein, um rings um sich her Dinge wahrnehmen zu können. So habe ich Angst vor der Ehe. Das hängt von der Frau ab.

Eine Menschenmenge, an der man entlanggeht, ist immerhin voller Verheißungen. Aber sie entschlüpft einem, und außerdem setzt sich die Frau, die man braucht, aus zwanzig Frauen zusammen. Ich verlange zu viel, um nicht sofort zu ersticken.

Draußen herrscht eisige Kälte. Das Licht in den Auslagen ist hart. Man könnte, glaube ich, aus solchen Straßenimpressionen einen recht schönen Film machen. Diese Filmleute sind Schwachköpfe. Sie können nicht sehen. Sie verstehen nicht einmal ihr Instrument. Wenn ich denke, dass man nur zehn Gesichter, nur zehn Bewegungen festhalten muss, um Eindrücke zu verdichten: doch sie sind unfähig zu solch einer Synthese und produzieren Fotografien.

Maman, ich bräuchte Ansporn zum Arbeiten. Ich habe vieles zu sagen. Nur werfe ich am Abend den Ballast des Tages ab und schlafe.

Ich werde bald wieder losfahren, ich weiß noch nicht wann, vielleicht tausche ich den Wagen um. Ich umarme Dich voller Zärtlichkeit. Ich sitze nicht auf dem Trockenen, aber Du kannst mich gleichwohl segnen.

Antoine

66. [Toulouse, Winter 1926–1927][94]

Liebste Maman,

Ich entschwinde in diesen Tagen nach Marokko, komm also nicht, ich kann morgen schon ohne Vorankündigung abfliegen oder irgendwann sonst.

---

94 Antoine war soeben in die Dienste der Fluggesellschaft Latécoère getreten, die damals ihren Sitz in Toulouse hatte. Er wird Pilot auf der Linie Toulouse-Dakar.

Ich habe 1000 Francs geliehen, aber ich hatte große Ausgaben. Miete, die ich im voraus bezahlen muss, Flugausrüstung usw. Könntest Du mir telegrafisch 1000 Francs überweisen? Ich zahle sie Dir Ende des nächsten Monats zurück (ich erhalte diesen Winter 4000 Francs monatlich). Wenn es nicht geht, schick so viel Du kannst. Es ist möglich, dass ich <u>schon ab morgen</u> unterwegs bin. Vielleicht auch erst in fünf oder sechs Tagen, aber man hat mich benachrichtigt, dass ich mich bereithalten soll. Und mit den hundert Francs, die mir noch bleiben, wäre ich in Marokko arg in der Klemme …

Ich habe ausgezeichnete Probeflüge gemacht und fliege im Augenblick die Maschinen in Toulouse ein. Die Kameraden sind reizend und geistreich.

Ich werde Dir morgen einen langen Brief schreiben, denn ich bin sehr müde. Ich bin viel geflogen. Ich habe hier fünf Minuten Station gemacht, um Dir diese Zeilen zu schreiben, denn der Gedanke, ohne Geld abzufliegen, regt mich etwas auf. Ich glaubte, ich würde noch einen Monat hierbleiben. Ich umarme Dich sehr zärtlich.

Bis morgen!

Antoine

67.   [Toulouse, Winter 1926–1927]

Liebste Maman,

ich bat Dich um Geld, denn es verdrießt mich wahrhaftig, dass ich im Augenblick der Abreise ohne einen Sou bin.
Ich bat Dich auch, jetzt nicht zu kommen, denn es wäre zu dumm, wenn wir uns verfehlten.
Aber tu doch Folgendes in vierzehn Tagen: versieh Dich mit Pastellstiften und unberührter Leinwand, triff mich in Toulouse, bewaffne Dich auch mit einem dicken Schal und einem Muff. Ich bringe Dich dann nach Alicante, einem fernen Örtchen in Spanien (man braucht acht Tage, um es auf dem Landwege zu erreichen). Dort werde ich Dich in der Pension der Flieger oder einer anderen entsprechenden unterbringen, zu der ich Dich einlade. Du kannst Dich dort vierzehn Tage in der Sonne ausruhen und hübsche Sonnenuntergänge über dem Meer malen. Jeden dritten Tag werde ich den Nachmittag mit Dir verbringen, und sobald Du eines Tages genug davon hast, bringe ich Dich wieder nach Frankreich. Lass Dir schon gleich einen Pass für Spanien ausstellen (wende Dich ans Bürgermeisteramt).
Ich langweile mich etwas, davon abgesehen geht es mir gut.
Ich umarme Dich sehr zärtlich, so wie ich Dich lieb habe,

Antoine

68. Toulouse [1927]

Liebste Maman,

ich starte im Morgengrauen nach Dakar, ich bin sehr glücklich. Ich bin Pilot einer Maschine bis Agadir und fliege von dort als Passagier weiter. Ich schrieb Dir zwei Briefe ohne Antwort, hoffe aber, Du hast mir dorthin geschrieben. Dein Brief wird mich dann empfangen ... Es ist eine kleine Reise von 5000 Kilometern ...
Liebste Maman, ich bin recht traurig, Dich zu verlassen, aber, siehst Du, ich bin dabei, mir eine solide Position zu schaffen. Hoffentlich kehre ich als heiratsfähiger Mann zu Dir zurück. Auf jeden Fall komme ich in ein paar Monaten auf Urlaub und kann Dich dann endlich zum Mittagessen einladen.
Liebste Maman, ich verlasse Dich. Ich habe starke Kopfschmerzen, und all diese Kisten, diese Koffer, die ich noch packen muss, hemmen meine Fantasie.
Schick mir doch einige Bücher, wenn Du was Schönes liest. Ich habe wieder zu schreiben angefangen und werde der Nouvelle Revue Française etwas schicken.
Ich umarme Dich zärtlich, meine liebste Maman, so wie ich Dich liebe.

Dein getreuer Sohn,

Antoine

69.

[Dakar, 1927]

Liebste Maman,

hier bin ich also in Dakar, so glücklich über diese Reise. Ich habe diese schrecklichen Mauren von nahem gesehen ... Sie tragen blaue Gewänder und einen gewaltigen lockigen Haarschopf. Atemberaubend! Sie kommen nach Juby, nach Agadir, nach Villa Cisneros, um sich die Flugzeuge aus der Nähe zu besehen. Sie bleiben dort stundenlang, schweigend.

Die Reise ist gut verlaufen, abgesehen von einer Panne und Notlandung in der Wüste. Ein Kamerad kam uns abholen, und dann übernachteten wir in einem kleinen französischen Fort, abgeschieden von aller Welt; der Sergeant, der dort den Befehl führte, hatte seit Monaten keinen Weißen gesehen!

Ich schicke Dir nur diese paar Zeilen. Die Post geht gleich ab, sonst müsste ich acht Tage warten. Dakar ist ziemlich hässlich, aber die übrige Strecke wundervoll.

Ich umarme Dich sehr zärtlich. Ich schreibe Dir mit jeder Post. Ich befliege die Strecke erst ab dem 24. und werde versuchen, Bekanntschaften zu schließen.

Dein getreuer Sohn,

Antoine

70.

[Dakar, 1927]

Liebste Maman

Ich starte erst am 24. mit dem Kurierflugzeug. Bis dahin führe ich in Dakar ein erträgliches Leben. Ich werde so ziemlich überall eingeladen und ... man erreicht sogar, dass ich tanze! Ich musste erst nach Senegal kommen, um wieder in Gesellschaft zu gehen.

Die Hitze hier ist ganz erträglich; aber ich ziehe selbst die Kälte in Frankreich dieser sonderbaren Temperatur vor, in der man schwitzt, ohne dass einem zu heiß wäre, und man nie weiß, ob man etwas überziehen soll oder nicht. Im Übrigen könnte es mir nicht besser gehen.

Ich habe seit einem Monat nichts von Dir erhalten. Dabei habe ich Dir häufig geschrieben, und das schmerzt mich. Ein Wort von Dir hätte mich so schön hier empfangen, denn Du bist, liebste Maman, die große Liebe meines Herzens. Wenn ich fern bin, erkenne ich nämlich besser, welche Freundschaften für mich eine Zuflucht bedeuten, und ein Wort von Dir, ein Andenken an Dich, kurieren meine Melancholie. Dein dunkles Pastell steht auf meinem Tisch, der Nussbaumzweig, der noch kein Zweig ist, und dessen Licht mich bezaubert, und auch Dein Foto mit dem leicht geneigten Gesicht, so wie ich es kenne. Und alle Deine Briefe aus den letzten drei Jahren sind in einer Schublade.

Ich schreibe stets: <u>nachsenden</u> nach Saint-Maurice, da ich Deine Adresse nicht weiß. Hoffentlich ergibt das keine zu große Verzögerung, aber könntest Du sie mir nicht mitteilen?

Mit dem Schiff dauert es endlos. Schreibe: „Fluglinie Latécoère, Toulouse, nachsenden …", es sei denn, Du willst mir ein Paket schicken. In diesem Fall adressiere bitte nach Dakar per Luftpost, nachdem Du im Postamt den Tarif festgestellt hast, denn ich weiß nicht, ob Toulouse ein Paket gratis nachschicken würde.

Berichte mir von der Familie (meiner Familie), von meinen Schwestern.

Ich umarme Dich sehr zärtlich, so wie ich Dich lieb habe,

Antoine

71. [Dakar, 1927]

Liebste Maman,
Meine süße Didi,
Mein teurer Pierre,

ich sende Euch einen Kollektivbrief, denn nichts ist so süß wie eine geeinte Familie. Ich sende also einen Brief an Euch gemeinsam.

Ich habe nach einer Notlandung bei den Senegalnegern übernachtet. Ich schenkte ihnen Marmelade, was sie sehr entzückte. Sie hatten noch nie Europäer oder Marmelade gesehen. Als ich mich auf meiner Strohmatte ausgestreckt hatte, stattete mir das ganze Dorf einen Besuch ab. Ich hatte dreißig Personen gleichzeitig in meiner Hütte, … die mich betrachteten.

Um drei Uhr früh brach ich wieder auf, im Mondschein, zu Pferde, mit zwei Führern. Das sah fast nach „alter Forschungsreisender" aus.

Didi und Pierre, richtet einen Eurer Brutapparate her. Ich denke, dass ich Euch in vierzehn Tagen per Luftpost Straußeneier schicken kann. So ein Strauß ist was ganz Allerliebstes und auch leicht zu ernähren: mit Uhren, Silbersachen, Glassplittern, Perlmuttknöpfen; alles, was glänzt, wird verschlungen.

Maman, was bedeutet denn das, dieses spiritistische Ammenmärchen? Was soll ich denn mit einem Motorrad in der Sahara anfangen?[95] Du hast keine rechte Vorstellung, wie es da aussieht; sie hat nur sehr wenig Ähnlichkeit mit dem Bois de Boulogne. Unter allen Albernheiten ist der Spiritismus das Letzte; ich möchte nicht, dass ein solcher Unsinn Dich aufregt.
Vielen Dank für Dein Buch.
Ich umarme Euch, so wie ich Euch immer lieb habe,
Antoine

72. [Dakar, 1927]

Liebste Maman,

ich vermute Dich in Saint-Maurice, ohne es genau zu wissen. Ich würde Dich gern wiedersehen. Ich habe etwas Heimweh, aber wann wird mir das möglich sein?
Die Temperatur in Dakar ist immer noch erträglich, und ich bin wohlauf. Die Flüge finden weiter in regelmäßigen Abständen statt, aber das sind die einzigen Augenblicke, die Abwechslung in mein Leben bringen. Dakar ist die bourgeoiseste aller Provinzen.
Wie geht es Dir? Es tut gut, eine reizende Familie, einen Neffen und Dich zu haben. Hier sind die Leute derart lähmend, sie denken an nichts, sind weder traurig noch frohgemut. Der Senegal hat sie innerlich ausgelaugt. Und so träume ich von Menschen, die an etwas denken und Freuden, Leiden, Freundschaft kennen.

---

95 Anspielung auf die Enthüllung einer Kartenlegerin.

Hier herrscht eine so sauertöpfische Mentalität.
Es ist ein sehr enttäuschendes Land, ohne Spannweite, wie Marokko, ohne Vergangenheit, ohne Haltung, ein törichtes Land. Träume nicht vom Senegal!
Es gibt keine einzige Stunde des Tages, die angenehm wäre. Kein Morgenrot, keine Abenddämmerung … ein drückender Tag, Grau in Grau, und dann, ohne Übergang, die feuchte Nacht.
Und bei Gesellschaften nur Klatsch, schlimmer als in Lyon.
Ich verlasse Dich. Ich bringe jetzt diesen Brief zur Postmaschine.
Ich umarme Dich, so wie ich Dich lieb habe,
Dein getreuer Sohn
Antoine

73. Dakar [1927]

Liebste Maman,

ich erhielt ein paar Zeilen von Dir, aber ohne Adresse. Ich habe nicht viel zu erzählen, außer dass ich tanze wie ein kleiner Gigolo, und dass ich selber diesen Brief morgen nach Juby bringe.
Dakar bleibt sich immer gleich. Es hat sich wirklich nicht gelohnt, dass man im tiefsten Afrika auf die Suche ging nach einer farblosen Lyoneser Vorstadt …
Ich hoffe jedoch, nach meiner Rückkehr aus Juby mit einem Kameraden eine kleine Expedition ins Landesinnere unternehmen und auf Krokodiljagd gehen zu können. Das wäre ganz lustig.

Doch der Beruf ist mein größter Trost.
Ich schreibe eine große Sache für die N.R.F.[96], aber verheddere mich etwas bei der Erzählung. Sobald es fertig ist, schicke ich's Dir, um Deine Meinung zu hören.
Ich schreibe Dir nur ein paar Worte, da es mir völlig an Phantasie fehlt. In diesem Lande gedeiht nichts. [...] Man hat nicht einmal das Gefühl, weit weg zu sein. Aber ich möchte, dass Du regelmäßig von mir hörst.
Ich umarme Dich zärtlich, so wie ich Dich lieb habe,
Antoine

74. Dakar [1927]

Liebste Maman,

dieses wöchentliche Briefchen dient zu Deiner Beruhigung. Ich bin glücklich und wohlauf. Und es soll Dir auch meine ganze zärtliche Liebe sagen, liebste Maman; Du bist das Allerliebste auf der Welt, und ich bin so besorgt, weil Du mir diese Woche nicht geschrieben hast. Meine heißgeliebte Maman, Du bist so weit fort. Und ich denke an Deine Einsamkeit. Ich wüsste Dich so gern in Agay. Wenn ich erst heimkomme, kann ich ein Sohn für Dich sein, wie es mein Traum ist, und Dich zum Dîner einladen und Dir viele kleine Freuden bereiten; denn als Du nach Toulouse kamst, empfand ich solche Trauer und solche Scham, weil ich nichts für Dich tun konnte, dass ich ganz bekümmert und mürrisch wurde und nicht zärtlich sein konnte.

---

96 Den *Südkurier*, den er für die *Nouvelle Revue Française* schrieb.

Aber Du kannst Dir sagen, liebste Maman, dass Du mit so viel Liebe und Zärtlichkeit mein Leben erfüllt hast, wie das niemand anders fertiggebracht hätte. Und dass Du die „erfrischendste" meiner Erinnerungen bist, diejenige, die am meisten in mir wachruft. Und der kleinste Gegenstand, den ich von Dir bekam, wärmt mir das Herz: Dein Schal, Deine Handschuhe, – sie behüten mein Herz.
Sage Dir auch, dass ich ein wundervolles Leben lebe.
Ich umarme Dich zärtlich,

Antoine

75.

Dakar, 1927

Liebste Maman,

ich hoffe, dass Du jetzt im Süden bist, und ich bin überglücklich für Dich.
Ich bin glücklich wie ein Papst in diesem Land und schicke Dir ein kleines Foto, auf dem ich sanft, schüchtern und charmant wirke. Wie eine jugendliche Madonna.
Dakar ist ein elendes Loch, und alle Leute erzählen mir heute Abend, dass ich... verlobt bin.
Ich war der Einzige, der nichts davon wusste, aber man kann hier mit keiner Dame ausgehen, ohne ihr Geliebter zu sein, und mit keinem jungen Mädchen, ohne ihr Verlobter zu sein. Das geht einem etwas auf die Nerven.
Ich erhielt eine Benachrichtigung, dass ein Päckchen von Dir eingetroffen sei, das ich mir morgen abholen werde. Du bist ein Schatz. Ich schreibe Dir, bevor ich es

geöffnet habe, denn die Postmaschine geht morgen ab. Ich umarme Dich sehr zärtlich, so wie ich Dich lieb habe.

Antoine

P. S. Kein Mensch schreibt mir!

76.

Port-Étienne [1927]

Liebste Maman,

ich schreibe Dir aus Port-Étienne während einer Zwischenlandung. Es liegt mitten in der Wüste. Drei Häuser gibt es jedoch. In einer Viertelstunde fliegen wir weiter.

Vorige Woche war ich auf Löwenjagd. Ich habe keinen Löwen erlegt, aber auf einen geschossen und ihn verwundet. Hingegen haben wir ein großes Blutbad unter anderen wilden Tieren – Keilern, Schakalen usw. – angerichtet. Vier Tage mit dem Auto am Rande der Sahara, in Mauretanien. Wir brachen durch das Dickicht wie Tanks.

Ein Maurenhäuptling hat mich nach Boutilimit eingeladen. Für die Fluggesellschaft kann das interessant sein. Vielleicht wird er mich ins Aufstandsgebiet mitnehmen. Welch wunderbare Expedition! [...]

Ich bin wohlauf. Wie geht's Monot? Onkel Huberts[97] Brief erwartete mich; ich werde ihm Briefmarken schicken.

---

97 Hubert de Fonscolombe, ein Bruder Madame de Saint-Exupérys.

Die Hitze ist unglaublich in dieser lieblichen Sahara. Nachts hingegen schwitzt alles Wasser aus. Es ist ein seltsames Land. Aber faszinierend.
Ich umarme Dich, wie ich Dich lieb habe, liebste Maman,

Antoine

77. [Auf Zwischenstation: Juby, 1927]

Lieber alter Bruder,[98]

ich habe im Meer gebadet. Dadurch musste ich an Dich, an Didi, an Agay und an Frankreich denken, denn ich bin nach wie vor Patriot. Und da ich mich heute Abend langweile wie eine Jungfrau – Du kannst Dir's vorstellen! – schreibe ich Dir.

Da ich auf den Wogen und Wellen des Meeres schwamm, überkam meine Seele die Wehmut.[99] (Nein, durch solch eine Kleinigkeit sind meine Fähigkeiten noch nicht erschöpft. Ich kann noch Gewaltiges leisten.) Es gab dort auch Quallen, groß wie Badewannen, aber zum Glück sind sie nicht sonderlich aufdringlich.

Mein Bad war unfreiwillig. Ich wollte Boot fahren und über die Ruderpinne springen – ein nobler Ehrgeiz. Aber ich fand mich unter dem Boot wieder. Und auch unter der Ruderpinne.

Es wird hier viel Ulk getrieben. Man wohnt in einem am Strand erbauten spanischen Fort und kann gefahrlos bis

---

98 Brief an seinen Schwager Pierre d'Agay.
99 Das Wortspiel des Originals zwischen „vague" = Woge und „vague" = undeutlich, verschwommen, lässt sich nicht direkt wiedergeben.

zum Meer gehen. Das sind mindestens zwanzig Meter. Diesen Spaziergang mache ich mehrmals täglich. Wenn Du Dich aber weiter als zwanzig Meter vorwagst, wird auf Dich geschossen. Und wenn Du fünfzig Meter überschreitest, lässt man Dich Deinen Ahnen nachfolgen oder führt Dich in die Sklaverei ab; das kommt auf die Jahreszeit an. Im Frühjahr, und wenn Du niedlich aussiehst, hast Du Chancen, Sultanin zu werden. Das ist immer noch besser als tot zu sein. Du hast auch Chancen, Ober-Eunuch zu werden. Das ist schon lästiger.
Wäre ich vor vierzehn Tagen in Juby gewesen, wäre ich der Stolz der Familie. Meine Kameraden, die dort waren, haben Reisende gerettet. Meine Equipe befand sich leider! in Dakar, denn wir langweilen uns hier abwechselnd. Und als wir eintrafen, war alles zu Ende.
Gestern Abend erlebte ich eine kleine Aufregung. Es war tintenschwarze Nacht. Eine jener Nächte, von denen die Heilige Schrift im Kapitel über die Sintflut spricht. Es blies ein Sandsturm, und wie Ponson du Terrail[100] so treffend sagen würde: „Das Heulen des Windes antwortete den Klagegesängen der Fluten." Gerade da hatten nun meine Mahlzeiten vom Tag zuvor ihre kleine Wanderung beendet und verlangten nach Befreiung. Da es in Juby nur den Hof des Forts oder die Sahara als W. C. gibt, entschied ich mich für die Sahara und ging hinaus (denn wir hausen in einem kleinen, unabhängigen Gebäude).
Allerdings ist das verboten.

---

100 Vielgelesener französischer Romanautor des 19. Jahrhunderts.

Ich vermischte also meine bescheidene Stimme mit der großen Stimme des Sturms, als ich Schritte hörte. Ich konnte nicht zwei Meter weit sehen. Wie es wiederum Ponson du Terrail im Kapitel über die Vergewaltigung der Marquise so kraftvoll ausdrücken würde, kreiste mein Blut nur ein einziges Mal und erstarrte alsbald in meinen Adern.

Es war schon vorgekommen, dass ich hinausging, aber stets in Begleitung von zwei Wachtposten. Ich steckte ihnen schnell etwas zu, und dann gingen wir wieder heim. Doch diesmal hatte ich nicht einmal meinen Revolver bei mir. Ich brachte meine bescheidene Stimme zum Schweigen und zog mich ganz sachte im Krebsgang zurück.

Und genau in diesem Augenblick beginnt so ein dämlicher Kerl, ein Wachtposten, von einer Mauer herab zu brüllen wie ein Kalb. Und auf Spanisch. Er schrie die üblichen Aufforderungen. (Ein Befehl schreibt vor, dass auf alle Schatten zu schießen ist.) Auf Spanisch kann ich nur „Oh" sagen. So antwortete ich denn, so gut ich kann: „Kumpan ... alter Kumpan ... Jugendfreund." Und um noch sicherer zu gehen, kroch ich auf allen vieren dicht an der Mauer entlang. Auf diese Weise kam ich nach Hause. Als ich die Tür aufstieß, gab er einen Schuss ab. Ich aber machte „uff"!

Didi fragt mich, was ich treibe ... Nun, ich befliege die Strecke über der nicht unterworfenen Sahara: Dakar–Juby. Die Sahara fängt an, sobald der Senegal überquert ist. Das ist Französisch-Mauretanien. Ab Port-Étienne, wo die spanische Zone (Rio de Oro) anfängt, ist sie

nicht unterworfen. Auch die Kameraden der Strecke Casablanca–Juby haben Rebellengebiet von Juby bis Agadir.
Eine sportliche Angelegenheit. Vergangenes Jahr hat man zwei unserer Piloten (von vieren) umgebracht, und über tausend Kilometer hinweg habe ich die Ehre, wie ein Rebhuhn beschossen zu werden. Die anderen tausend sind friedlicher (denn wir fliegen zweitausend Kilometer hin und zweitausend Kilometer zurück bei jedem Kurierflug!).
Ich musste schon einmal in der Wüste notlanden, aber mein Kamerad vom anderen Flugzeug (wir fliegen jeweils mit zwei Maschinen) konnte mich rausholen: ich war auf gutem Gelände mit festem Sand niedergegangen. Wenn einen keiner holen kann, muss das weniger amüsant sein. Die Uruguayer erzählten uns, man hätte sie bestimmt schon umgebracht, wenn sie Franzosen wären. Man hat schon mehrmals auf sie angelegt. Na, wenn man mich fängt, werde ich sehr höflich sein und um Entschuldigung bitten, wie neulich meinen Löwen, als ich ihn bloß verwundete und meine Winchester Ladehemmung hatte. Da verging mir das Lachen: Die Löwen schätzen es anscheinend gar nicht, wenn man sie verwundet. Diese Biester sind sehr empfindlich, aber ich saß im Wagen und hatte die geniale Idee, zu hupen. Die Wirkung war erheblich. Denn ich jagte den Löwen in Mauretanien auf der Grenzlinie der Sahara. Vier Tage Autofahrt durch die Wüste. Nicht einmal eine Kamelspur, wir durchschifften den Sand, umsteuerten Dünen usw.; wir übernachteten auf Lagerplätzen, wo unsere

beiden Rumpelkästen zuerst Schrecken, dann Bewunderung erregten. Wenn wir Herden begegneten, requirierten wir Schafe. Es war das Leben eines Grandseigneurs.
Ich habe Didi diese Expedition eingehend beschrieben, und dann fand ich meinen Brief in einem Buch wieder. Ob sie ihn wohl niemals erhalten hat?
Pierre, es ist Mitternacht, zu einer so ungehörigen Stunde möchte ich Dich nicht länger stören. Du bist gewiss schon schläfrig.
Ich umarme Dich herzlich,
Antoine

P. S. Ich habe den Auftrag, mit den maurischen Stämmen Beziehungen anzuknüpfen und möglichst eine Reise ins Aufstandsgebiet zu unternehmen. Ich übe den Beruf eines Fliegers, eines Botschafters und eines Forschers aus. Ich bin eben dabei, meinen Abstieg in die Bärengrube vorzubereiten. Wenn das was wird und ich wieder daraus zurückkehre, – was für Erinnerungen bringe ich dann mit!
Ich erhalte keine Zeile mehr von Maman. <u>Didi soll doch so nett sein und ihr genau erklären, wie Schreiben geht!</u> Ich hab es schon zweimal versucht … Es beunruhigt mich sehr, denn ich weiß, dass Maman Grippe hat. Schreib mir schnell.

[P. S. Dakar]
Ich habe den Dreh jetzt herausbekommen. Maman schreibt postlagernd; das geht, sag ihr nichts.

Ich lade Dich ein, einen Schoppen mit mir zu trinken. Falls Du Gelegenheit hast, hier vorbeizukommen, wird es mir eine Freude sein, mein Versprechen einzulösen. Allein ist mir das zu langweilig. Andernfalls werde ich versuchen, in einem Jahr über Agay zu kommen (oh weh...?). Dakar ist sehr hübsch bei Nacht, wenn man schläft. Es ist wie Du.
Finde mir eine entzückende Person. Es wird mir ein Vergnügen sein, zur Aufbesserung der menschlichen Rasse beitragen zu können. Wenn sie reich ist, bekommst Du Prozente von der Mitgift, wenn sie hübsch ist, bekommst Du Prozente von ... nein, das nicht. Du bist ein zu großer Lüstling.
Ich bin nicht schläfrig und bin allein. Was für ein Zeitverlust.
Und Du zur gleichen Stunde ... Du Lüstling! (Warst Du es nicht, dem das kleine Mädchen sagte: „Na, für einen Lüstling bist Du aber ein rechter Tolpatsch!"?)
Gute Nacht, großer Bruder, trotz allem.
Schreibe wenigstens einmal in Deinem Leben. Gott wird es Dir lohnen. (Damit will ich nicht sagen, dass er Dir schreiben wird, aber vielleicht lässt er Dir die Haare wieder wachsen. Welch eine Belohnung!)

Antoine

78.

[Juby, Ende 1927]

Liebste Maman,

stell Dir vor, dass ich nur wenige Stunden vor meiner Abreise davon unterrichtet wurde, und dass ich in der Aufregung des Kofferpackens keine Zeit zum Schreiben hatte.

Ich bin zur Zeit Kommandant des Flugplatzes in Cabo Juby, wo ich ein mönchisches Leben führe.[101] Ich bin wohlauf. Ich muss einige Maschinen einfliegen und viele Papiere ausfüllen. Für meine Rekonvaleszenz[102] ist das durchaus die angemessene Beschäftigung.

Gestern unternahm ich eine topografische Erkundung des Geländes. Da dies hier Aufstandsgebiet ist, begleitete mich eine Ehrengarde befreundeter maurischer Häuptlinge. Ich hoffe, ich werde etwas spazieren gehen können, sobald ich Bekanntschaften gemacht habe, die mir Schutz gewähren. Im Augenblick fahre ich ein wenig Boot, atme die reine Meeresluft und spiele Schach mit den Spaniern, die ich durch meine blendenden Empfehlungen erobert habe.

Wie geht's Dir? Bist Du in Combles?[103]

Ich umarme Dich zärtlich, so wie ich Dich lieb habe,

Antoine

---

101 Der Flugplatz in Cabo Juby steht unter dem Schutz eines spanischen Forts, das als militärische Strafanstalt dient: Casa de Mar.
102 Saint-Exupéry hatte einen starken Denguefieber-Anfall und litt längere Zeit an Rheumatismus.
103 Ein Dorf an der Somme, das während des Ersten Weltkriegs dem Erdboden gleichgemacht wurde. Antoines Mutter leitete dort ein soziales Hilfswerk.

79.

Juby, 1927

Liebste Maman,

was für ein Mönchsleben führe ich doch! Im verlorensten Winkel von ganz Afrika, mitten in der spanischen Sahara. Ein Fort am Strand, unsere Baracke daneben, und dann nichts mehr über Hunderte und Hunderte von Kilometern!
Sobald die Flut kommt, umspült uns das Meer ganz und gar, und wenn ich mich nachts an mein Guckloch stelle und wie im Gefängnis durch Gitterstäbe schaue – wir befinden uns ja im Aufstandsgebiet – habe ich das Meer direkt unter mir, wie in einem Boot. Und dann pocht es die ganze Nacht gegen meine Wand.
Die andere Fassade blickt auf die Wüste.
Spartanischer geht es kaum mehr: ein Bett, das aus einem Brett und einem dünnen Strohsack besteht, ein Waschbecken, ein Wasserkrug. Ach ja, auch noch die Nippsachen: die Schreibmaschine und die Flugplatzakten. Eine Mönchszelle.
Alle acht Tage kommt eine Maschine hier vorbei. Dann herrscht drei Tage Stille. Und wenn meine Flugzeuge starten, benehme ich mich wie eine Glucke mit ihren Küken. Und bin in Sorge, bis ich über Funk die Meldung erhalte, dass sie die nächste Etappe erreicht haben – in tausend Kilometer Entfernung. Und bin startbereit, mich auf die Suche nach den Vermissten zu machen.
Einen Haufen gerissener und niedlicher junger Araber beschenke ich täglich mit Schokolade. Ich bin beliebt bei den Kindern der Wüste. Es gibt auch weibliche Dreikä-

sehochs, die schon wie Hindu-Prinzessinnen aussehen und sich mütterlich geben. Wir sind schon dicke Freunde.

Jeden Tag kommt der Marabut, um mir Arabisch-Unterricht zu geben. Er lehrt mich schreiben. Und ich kann mich auch schon ein bisschen verständlich machen. Ich lade Maurenhäuptlinge zu mondänen Teestündchen ein. Und sie bitten mich ihrerseits zum Tee in ihr Zelt, zwei Kilometer tief im Aufstandsgebiet, wo noch niemals ein Spanier gewesen ist. Und ich werde mich noch weiter vorwagen. Und nichts dabei riskieren, da ich allmählich bekannt bin.

Ausgestreckt auf ihrem Teppich betrachte ich durch die Öffnung des Zelts diesen ruhigen gewellten Sand, diesen gewölbten Boden, die Söhne des Cheiks, die nackt in der Sonne spielen, das Kamel, das gleich neben dem Zelt angebunden ist. Und ich habe ein seltsames Gefühl. Nicht von Ferne, nicht von Isolation, eher von einem flüchtigen Spiel.

Mein Rheumatismus hat sich nicht verschlimmert. Seit meiner Abreise hat er sich eher gebessert, aber es ist ein langsamer Prozess.

Und was treibst Du, liebste Maman, in Deiner Wüste, mit all Deinen anderen Adoptivkindern?[104] Wir beide sind fern von jeglichem Leben.

So fern, dass ich mich in Frankreich oder ganz nah wähne, ein Familienleben führend und alte Freunde wiederfindend; ich sehe mich in Saint-Raphaël auf

---

104 Anspielung auf die Hilfstätigkeit von Madame de Saint-Exupéry in Combles.

einem pick-nick *(sic!)*. Am Zwanzigsten jedes Monats, wenn uns das Segelschiff von den Kanarischen Inseln mit Lebensmitteln versorgt, – wenn ich dann morgens mein Fenster aufstoße, hat sich der Horizont ein strahlend weißes, schmuckes Segel zugelegt, und es ist so rein wie frisch gewaschenes Linnen und kleidet die ganze Wüste und lässt mich an die Wäschekammer der alten Häuser denken, ihr intimstes Gemach. Und ich denke an die betagten Wäschebeschließerinnen, die ihr Leben lang weiße Tischtücher plätten und in Wandschränken stapeln, und wie das duftet! Und mein Segel wiegt sich ganz sachte, wie eine gut gestärkte bretonische Haube, aber dieses herzerwärmende Sinnen ist nicht von Dauer.

Ich habe ein Chamäleon gezähmt. Zähmen ist meine Mission. Das gefällt mir, ist ein hübsches Wort. Und mein Chamäleon gleicht einem vorsintflutlichen Tier. Es sieht aus wie ein Diplodocus. Seine Bewegungen sind unglaublich langsam, seine Vorkehrungen nahezu menschlich, und es versinkt in endlose Nachdenklichkeit. Es bleibt Stunden unbeweglich. Es scheint aus Urväterzeiten zu stammen. Abends träumen wir alle beide vor uns hin.

Liebste Maman, ich umarme Dich, so wie ich Dich lieb habe. Schreib mir eine Zeile,

Antoine

80.

[Juby, 24. Dezember 1927]

Liebste Maman,

es geht mir gut. Das Leben ist nicht sehr kompliziert, und es lässt sich nicht viel darüber berichten. Freilich wird es jetzt etwas aufregender, weil die Mauren hier mit einem Angriff anderer maurischer Stämme rechnen, so dass man sich auf den Krieg vorbereitet. Das Fort gerät dadurch kaum in größere Unruhe als ein sanftmütiger Löwe, aber während der Nacht lässt man alle fünf Minuten Raketen steigen, die die Wüste in eine wunderbare Opernbeleuchtung tauchen. Wie alle großen maurischen Unternehmungen wird das dann mit dem Raub von vier Kamelen und drei Frauen sein Ende finden.

Als Arbeitskräfte verdingen wir Mauren und einen Sklaven. Dieser arme Kerl ist ein Schwarzer, der vor vier Jahren aus Marrakesch entführt wurde, wo seine Frau und seine Kinder leben. Da die Sklaverei hier geduldet wird, arbeitet er für den Mauren, der ihn gekauft hat, und dem er auch allwöchentlich seinen Lohn abliefern muss. Sobald er so erschöpft sein wird, dass er nicht mehr arbeiten kann, lässt man ihn sterben; so will es der Brauch. Die Spanier können nichts für ihn tun, da er zu den Aufständischen gehört. Ich würde ihn gern in ein Flugzeug einschmuggeln, das nach Agadir fliegt, aber dann würde man uns alle umbringen. Er kostet zweitausend Francs. Falls Du jemanden kennen solltest, den dieser Zustand empört und der mir das Geld schicken könnte, so würde ich ihn auslösen und ihn zu Frau und

Kindern expedieren. Er ist ein braver Kerl und sehr unglücklich.[105]

Ich würde gern Weihnachten mit Euch in Agay verbringen. Agay ist für mich der Inbegriff des Glücks. Gewiss langweile ich mich dort manchmal ein bisschen, aber nur so, wie ein zu beständiges Glück langweilt. Falls ich nächste Woche nach Casablanca komme, was möglich ist, werde ich für die Kleinen Zaiam-Teppiche bester Qualität aussuchen. Sie brauchen anscheinend welche.

Das Wetter ist trüb heute. Meer, Himmel, Sand gehen ineinander über. Es ist eine Wüstenlandschaft der Urzeit. Ab und an stößt ein Seevogel einen schrillen Schrei aus, und dann wundert man sich über diese Spur von Leben. Gestern hab ich gebadet. Auch als Schiffsauslader war ich tätig. Wir erhielten per Schiff eine Kiste, die zweitausend Kilo wog. Es war kein einfaches Unterfangen, sie über die Sandbank hinüberzubringen und am Strand auszuladen. Mit der Sicherheit eines ehemaligen Seekadetten befehligte ich eine Barkasse, die so groß war wie ein Waschschiff und ebenso schlank. Ich wurde leicht seekrank: wir machten nahezu Loopings.

Ich bin ganz wunschlos. Ich habe entschieden eine Veranlagung zum mönchischen Leben. Ich lade Mauren zum Tee ein, mache bei ihnen Besuch. Ich schreibe ein bisschen. Ich habe ein Buch angefangen.[106] Sechs Zeilen sind schon fertig. Immerhin.

Heute ist Weihnachtsabend. Das fällt gar nicht auf in

---

105 Von diesem Sklaven namens Bork erzählt Saint-Exupéry in *Wind, Sand und Sterne* (Kapitel ›Die Wüste‹).
106 *Südkurier.*

diesem Sand. Die Zeit verrinnt hier ohne Fixpunkte. Eine seltsame Art, sein irdisches Leben zu verbringen. Ich umarme Dich zärtlich.

  Dein getreuer Sohn,
    Antoine

81.   [Juby, 1927–1928]

Mein liebes Küken,[107]

Deine Karte war rührend: wie viele Erinnerungen! Inzwischen sind wir in alle Winde verstreut wie die Kinder Babylons, und ich in meiner Sahara frage mich, ob ich es wirklich bin, der dies alles erlebt hat. Fribourg, den Schnee (wie gut er hier täte). Die Portes, Dolly de Menthon, Louis de Bonnevie. Man hält mich für herzlos, weil ich nichts sage, aber ich würde umkommen vor Melancholie über die zerstörte Vergangenheit, all dieses zerstörte Vergangene. Dakar, Port–Étienne, Cabo Juby, Casablanca, die dreitausend Meter Küste haben nicht die Dichte von zwanzig Quadratmetern in Fribourg oder des Salons des Portes, wo ich überzeugt war, in Dolly verliebt zu sein. Übrigens war ich in ihre Schwester verliebt, aber Dolly hatte Vollmacht, und so antwortete sie auf meine Briefe. Das hat mich immer gefuchst, aber inzwischen rührt es mich eher.

Die Frauen jener Zeit schienen mir umso reizvoller, als ich noch ein Unschuldslamm war. Wenn man's recht bedenkt, waren sie nicht viel anders als diese sechs alten

---

107 Brief an die Schwester Simone.

Maurenweiber, die bei Einbruch der Nacht mitsamt ihrer Brut unter den Hafenmauern aufkreuzen und für eine Peseta den Soldaten hastig zu Diensten sind. Von Zeit zu Zeit werden sie von ihren Männern ertappt und mit heftigen Fußtritten in den Bauch verscheucht...
Ich bin es so leid, mit der Geduld eines Schrankenwärters die Sahara zu überwachen. Hätte ich nicht ein paar Postflüge nach Casablanca, und, was seltener vorkommt, nach Dakar (was ein Drecksloch ist), würde ich zum Neurastheniker.
Casablanca ist für mich das Paradies auf Erden wie damals Genf, als wir noch Schulkinder waren, weil es unser erstes Ferienparadies war. Hier genauso: Von Agadir aus überfliege ich grünes und gebirgiges Land. So mild und frisch ist die Luft dort. Ab Mogador dann die beruhigenden, nach europäischem Zuschnitt parzellierten Felder, wo kein Gewehrschuss mehr hallt. Dann endlich Casablanca – Du kannst Dir vorstellen, was das bedeutet – nach drei Monaten Mönchsklause.
A propos: Du bist ja jetzt Chartistin.[108] Das hat mich mit Stolz erfüllt. Ich habe es den Mauren erzählt. Aber erzähl Du mir doch ein bisschen, was Du genau machst, denn kapiert habe ich nichts.
Allmählich werde ich zum Griesgram. Nachdem ich den Mauren gegenüber eine schier unendliche Milde hatte walten lassen und von illusionärer Menschlichkeit beseelt war, beginne ich, sie härter und unerbittlicher anzupacken, denn sie sind verschlagene und grausame

---

108 Sie hatte die École des Chartes absolviert, die Ausbildung für Archivare, Bibliothekare, Paläografen etc. (Anm. d. Übers.)

Diebe, Lügner und Banditen. Sie töten einen Mann wie ein Huhn, setzen aber ihre Läuse auf den Boden. Besitzen sie ein Kamel, ein Gewehr und zehn Patronen, halten sie sich für die Herren der Welt. Sie sagen ganz liebenswürdig, dass sie dich in Stücke hauen werden, falls sie dich in ein Kilometer Entfernung antreffen sollten. Mir haben sie allerdings einen hübschen Namen verliehen: „Kommandant der Vögel".

Es ist Mitternacht. Die spanischen Wachtposten stoßen laute Schreie aus; man könnte es für das Geschrei der Seevögel halten. Ziemlich schaurig.

Ich umarme Dich.
Antoine

82. [Juby, Ende 1927]

Liebste Maman,

es geht mir recht gut. Ich glaube, ich werde nächstes Jahr bloß eine Kur in Aix brauchen.

Hiervon abgesehen scheint eine eintönige Sonne auf ein stets bewegtes Meer, denn der Ozean hier kommt nie zur Ruhe.

Ich lese ein bisschen und habe mich entschlossen, ein Buch zu schreiben.[109] Etwa hundert Seiten habe ich schon und bin im Aufbau ziemlich festgefahren. Ich möchte viel zu viele und allzu verschiedene Dinge und Gesichtspunkte hineinbringen. Ich frage mich, was Du davon halten würdest.

Falls ich in zwei oder drei Monaten ein paar Tage in

---

109 Es handelt sich nach wie vor um den Roman *Südkurier*.

Frankreich verbringen sollte, werde ich's André Gide oder Ramon Fernandez zeigen.

Ich begann bei den Spaniern zu sondieren, wie sie sich zu einer Erkundungsfahrt ins Aufstandsgebiet stellen würden, wobei ich mich allerdings in Maurenkleidung hüllen möchte. Ich sprach zunächst nur von einer Jagdpartie, um sie nicht kopfscheu zu machen, aber ich werde mich Schritt um Schritt vorpirschen, den Gedanken zu erweitern. Es bedarf behutsamer Diplomatie. Außerdem weiß ich noch nicht, welche Meinung die Fluggesellschaft zur Zeit vertritt; früher stand sie solch einem Plan positiv gegenüber.

Jedenfalls muss man noch mindestens einen Monat warten, denn augenblicklich wird in dieser Gegend Krieg geführt.

Ich träume voller Melancholie von Saint-Maurice und Agay, obgleich ich das Meer allmählich leid bin! Und von der ganzen Lieblichkeit Frankreichs.

Ich umarme Dich zärtlich, so wie ich Dich lieb habe.

Dein getreuer Sohn,

Antoine

[P. S.] Sobald ich nach Casa komme, bekommst Du ein Neujahrsgeschenk.

83. [Juby, 1928]

Liebste Maman,

vor dem 1. September könnte ich nicht da sein. Und das aus vielerlei Gründen. Ich werde zu diesem Termin

Urlaub beantragen. Schreib vor allem nicht an Sudour und versuch nicht, über Massimy irgendetwas für mich zu erreichen. Diese indirekte Unterstützung würde mich nur in schlechtes Licht rücken, denn ich bin schließlich erwachsen genug, um das, was ich benötige, dem Direktor selbst vorzutragen. Er würde es nicht verstehen, dass ich hinterrücks etwas erbitte, was ich geradewegs mühelos erreichen kann.

Dieser Landstrich hier kommt mir von Tag zu Tag alberner vor. Ein Fleck Sahara, wo zweihundert Menschen sich siegreich festgekrallt haben und in einer Festung hausen, die sie niemals verlassen. Als Gesellschaft gibt es nur dreckstarrende Mauren. Wer auch nur ein bisschen auf sich hält, verweigert jeglichen Kontakt mit Christen. Diese Sahara-Kulisse mit ein paar Statisten ist für mich so öde wie verdreckte städtische Außenbezirke.

Eines schönen Tages werde ich mich vielleicht als nützlich erweisen können, wenn es darum geht, in Not geratene Kameraden zu bergen, aber seit Monaten ist kein Überfliegen der Aufstandsgebiete misslungen.

Hast Du Margaret Kennedys Die treue Nymphe gelesen? Sehr, sehr hübsch. Ich empfehle Dir auch Le Perce-oreille du Luxembourg von A. Baillon und L'Autre Europe, Moscou et sa foi von Luc Durtain, eine bewundernswerte Studie.

Ich habe versucht, Daudets Rêve éveillé zu lesen – unvorstellbar schwülstig. Das ist keine Philosophie, sondern aus vielerlei Zutaten zusammengerührter und unverdaulicher Mischmasch.

Lies auch La Naissance du jour[110] von Colette. Das ist sehr, sehr hübsch.

Ich verlasse Dich jetzt, um meine Treibstoffkanister zu zählen. Außerdem erwarte ich den angekündigten Südkurier.

Ich umarme Dich so wie ich Dich liebe.

Dein getreuer Sohn,
Antoine

84. [Juby, 1928]

Liebste Maman,

hier ist alles in großer Aufregung, weil zwei Kurierflugzeuge zu suchen sind, die irgendwo in der Sahara verschwunden sind. Ein Kamerad ist gefangen. Ich bin fünf Tage lang nicht aus dem Flugzeug herausgekommen, und wir haben Großartiges geleistet.

Ich umarme Dich in Eile. In anderthalb Monaten werde ich in Frankreich sein. Verzeih mir diesen so kurzen Brief, aber wir sind müde zum Umfallen.

Antoine

85. Juby, 1928

Liebste Didi,

wir haben recht Großartiges erlebt auf der Suche nach zwei Kuriermaschinen, die in der Wüste verloren gegangen waren, und ich habe in fünf Tagen etwa acht-

---

[110] Erschien in Deutschland unter dem Titel *Die Freuden des Lebens* (Anm. d. Übers.)

tausend Kilometer Sahara überflogen. Ich wurde von Mauren, etwa dreihundert Kerlen, beschossen wie ein Kaninchen. Ich musste durch schreckliches Wetter hindurch, viermal im Aufstandsgebiet landen und eine Nacht wegen einer Notlandung auch dort schlafen.

In solchen Augenblicken setzt man großzügig sein Leben aufs Spiel.

Inzwischen wissen wir, dass die Besatzung der ersten Kuriermaschine gefangen genommen wurde; aber die Mauren verlangen als Lösegeld eine Million Gewehre, eine Million Pesetas, eine Million Kamele. (Eine Kleinigkeit!) Und die Sache steht nicht gut, denn die Stämme fangen schon an, sich um sie zu raufen.

Was die Besatzung der zweiten Maschine angeht, so ist sie vermutlich irgendwo im Süden ums Leben gekommen, denn wir haben keinerlei Nachricht von ihr.

Ich denke, dass ich im September nach Frankreich zurückkomme; ich habe es sehr nötig. Ich möchte nicht früher heimfahren, da ich ein paar Sous für meinen Urlaub brauche und noch nicht genug beisammen habe. Ich ziehe einen Fenek oder Wüstenfuchs auf. Er ist kleiner als eine Katze und hat riesige Ohren. Er ist reizend.

Leider ist er wild wie ein Raubtier und brüllt wie ein Löwe.

Ich habe einen Roman von 170 Seiten abgeschlossen, ich weiß nicht recht, was ich davon halten soll. Du wirst ihn im September zu sehen bekommen.

Ich möchte möglichst bald wieder ein zivilisiertes, menschliches Leben beginnen; von meinem Dasein hier könnt Ihr Euch keine Vorstellung machen, und das Eure kommt mir so fern vor. Was für ein Luxus, glücklich zu sein ...

Dein großer Bruder,
Antoine

P. S. Wenn Du willst, heirate ich ...

86. [Juby, 1928]

Liebste Maman,

wir haben die ganze Zeit über Großartiges vollbracht: verschwundene Kameraden gesucht, eine Maschine geborgen usw.; ich bin noch nie so oft gelandet, habe noch nie so oft in der Sahara geschlafen und die Kugeln pfeifen hören.

Ich hoffe immer noch, im September heimkommen zu können, aber einer meiner Kameraden ist gefangen, und es ist meine Pflicht, hierzubleiben, solange er in Gefahr ist. Vielleicht kann ich noch zu etwas nützlich sein.[111]

Freilich träume ich zuweilen von einem Leben, in dem es ein Tischtuch gibt, Früchte, Spaziergänge unter den Linden, vielleicht eine Frau; einem Leben, in dem man

---

[111] In Wahrheit waren zwei Flieger, Reine und Serre, Gefangene der Mauren. Am 17. September 1928 versuchte Antoine, sie zu befreien.

Menschen freundlich grüßt, wenn man ihnen begegnet, anstatt auf sie zu schießen; in dem man sich nicht mit zweihundert Stundenkilometern im Nebel verirrt und auf weißem Kies wandelt anstatt auf ewigem Sand.
All das ist so fern!
Ich umarme Dich zärtlich,

Antoine

87.

[Juby, 1928]

Liebste Maman,

es ist abgemacht, dass ich nach Frankreich zurückkehre, sobald uns die Kameraden, die seit zwei Monaten gefangen sind, herausgegeben werden. Im Augenblick weiß man nichts von ihnen, nicht einmal, ob sie noch am Leben sind. Es herrscht im Übrigen zur Zeit große Unordnung in der Sahara, in der sich alle Nomadenstämme erbittert bekriegen.[112]

Das hat in der Tat kaum Ähnlichkeit mit Saint-Maurice.

Es geht mir nicht gerade schlecht, aber ich möchte gern bald heimkommen, um mich in Aix-les-Bains oder Dax etwas aufzumöbeln – aber vor allem, um Euch alle wiederzusehen. Ich lebe nun schon elf Monate in völliger Einsamkeit; allmählich werde ich zu einem eingefleischten Wilden.

Ich verlasse Dich und umarme Euch alle von ganzem

---

112 Am 19. Oktober 1928 beteiligte sich Antoine im Aufstandsgebiet an der Bergung eines spanischen Flugzeugs, dessen Besatzung verwundet war.

Herzen. Vieheicht sehen wir uns wirklich Anfang September?

Dein getreuer Sohn,
Antoine

[P. S.] Simone und Didi sollten mir schreiben.

88. Juby, 1928

Liebste Maman,

es geht mir nicht schlecht. Dein Brief hat mich gerührt.
Leider Gottes sind meine Kameraden immer noch gefangen, und ich fürchte, dass es noch mindestens vierzehn Tage lang Verhandlungen geben wird und ich mich bis Mitte September gedulden muss.
Dabei drängt es mich so sehr, mit Euch zusammen zu sein …
Ich umarme Dich, so wie ich Dich lieb habe.

Dein getreuer Sohn
Antoine

89. Juby, 1928

Liebste Maman,

mein Nachfolger musste bei den Mauren notlanden, als er unterwegs war, um mich abzulösen: ich habe wahrlich kein Glück.
Ich muss mindestens noch drei Wochen warten. Und ich sehne mich so sehr danach, Dich wiederzusehen, Dich

zu umarmen, Dir ein wenig Freude zu bereiten. Und auch, meinen ewigen Sand zu verlassen! Ich lebe nicht mehr, während ich auf diese Abreise warte.
Ich umarme Dich, so wie ich Dich lieb habe,
Antoine

N.B. Ich habe hier nichts, aber dass ich das Buch mitbringe, darauf kannst Du Dich verlassen.

90.

[Juby, Oktober 1928]

Liebste Maman,

ich freue mich riesig über Deinen Entschluss, mich in Agay zu erwarten, in Saint-Maurice wäre ich bestimmt schier erfroren.
In vierzehn Tagen werde ich bei Euch sein. Ich habe vor, am Sonntag, den 21. Oktober zu starten und mich 4 bis 5 Tage in Casablanca aufzuhalten, um mich neu einzukleiden, da ich absolut nichts habe.
Ich warte noch auf meinen Marschbefehl von Seiten der Direktion.
Ich fühle mich schon so heimkehrbereit, dass mir nichts mehr einfällt, was ich erzählen könnte …
Ich umarme Euch alle mit all meiner Zärtlichkeit.
Antoine

N.B. Mein Ersatzmann ist eingetroffen.
N.B. 2 Was für eine Freude, Euch alle vereint wiederzusehen.
N.B. 3 Umarme Pierre in meinem Namen.

91.

Juby, 1928[113]

Ein Wort in Eile, liebste Maman

In den nächsten zehn Tagen komme ich heim. Deine fünftausend Francs erhältst Du bestimmt Ende Dezember zurück. Ich liebe Dich unendlich. Ich schreibe nicht länger, denn ich hatte eine kleine entzündete Wunde am Finger und anschließend eine Lymphangitis, die mich noch immer daran hindert, meinen Arm richtig zu gebrauchen. In zwei Tagen geht das wieder.
Ich umarme Dich unendlich,

Antoine

92.

[Brest, 1929][114]

Liebste Maman,

Dein Telegramm hat mich gerührt. Und ich mache mir solche Vorwürfe, dass ich's nicht mehr fertigbringe zu schreiben.
Aber wahrhaftig, Dein Brief über mein kleines Buch[115] hat mich unter allen am meisten gerührt. Und ich sehne mich so danach, Dich wiederzusehn. Sobald in einem Monat der Verkauf meines Buches begonnen hat, fahren wir zusammen nach Dax; ich brauche das sehr, ich bin

---

113 Dieser Brief war in der ersten Ausgabe (1959) zu lesen, in der letzten französischen Ausgabe (1984) allerdings nicht mehr wiedergegeben.
114 Antoine nahm dort am Abschlusslehrgang der Marineakademie über Luftnavigation teil.
115 *Südkurier.*

ganz traurig und erschöpft. Und dann zeige ich Dir das Büchlein, mit dem ich jetzt anfange.
Brest ist nicht sehr lustig.
Wenn ich vier- oder fünftausend Francs zur Verfügung hätte, würde ich Dich bitten, zu mir nach Brest zu kommen. Doch im Augenblick habe ich nichts als Schulden; ich würde gern etwas borgen, da ich gewiss bin, mit meinem Buch Geld zu verdienen, – aber wen soll ich anpumpen?
Nun, in einem Monat bin ich wieder weg.
Gern würde ich auch Saint-Maurice wiedersehn, mein altes Daheim. Und meine Truhe. Es stimmt, in meinem Buch habe ich viel daran gedacht.
Liebste Maman, wie kannst Du nur auf den Gedanken kommen, dass mich Deine Briefe langweilen könnten! Es sind die einzigen, bei denen mir wirklich das Herz klopft!
Kannst Du mir schreiben und mir berichten, was man über mein Buch sagt? Aber zeige es um Himmels willen nicht X., Y. und anderen Dummköpfen. Man muss mindestens Giraudoux verstehen, um es zu begreifen.

   Ich umarme Dich zärtlich,
Antoine

N.B. Die Besprechung, die du mir geschickt hast, ist töricht, aber es gab auch bessere. Ausführlichere kommen ohnehin erst drei Monate später.

93.   [Brest, 1929]

Meine liebe Maman,

Du bist zu bescheiden. Der Presse-Argus schickt mir alle Zeitungen, in denen von Dir die Rede ist; ich bin ja so, so glücklich, dass die Stadt Lyon Dir ein Bild abgekauft hat[116], liebste, berühmte Maman!
Was sind wir doch für eine Familie!
Ich denke, geliebte Maman, Du bist nun ein bisschen stolz auf Deinen Sohn und auf Dich selbst! Vor Ablauf der nächsten drei Wochen werde ich Dich wiedersehn. Das wird eine unbeschreibliche Freude für mich sein!
Hast Du den Artikel von Edmond Jaloux gelesen, dem berühmtesten der Kritiker?
Sag es mir, falls Du anderer Meinung bist.
Ich umarme Dich aus tiefstem Herzen, so wie ich Dich lieb habe.

                Dein getreuer Sohn,
                          Antoine

94.   [An Bord der Chargeurs réunis, 1929]

Liebste Maman,

ich bin auf dem Schiff.[117] Es wird eine hübsche Reise werden. Seit meiner Abfahrt hatte ich nicht <u>eine</u> Se-

---

116 Die Stadt Lyon kaufte Madame de Saint-Exupéry drei Bilder ab. Das von Antoine erwähnte stellt den Park von Saint-Maurice-de-Rémens dar.
117 Antoine war nach Buenos Aires unterwegs, wo er am 12. Oktober 1929 eintreffen wird. Er war zum Direktor der „Aeroposta Argentina" ernannt worden, einer Filiale der „Compagnie Générale Aéropostale".

kunde Zeit übrig und bin ebenso abgespannt wie ruhebedürftig. Endlich ist es nun so weit.

Gallimard, sehr zufrieden mit meinem Buch, von dem er mir die Fahnen per Luftpost schicken wird, möchte sofort ein weiteres haben.

Yvonne, die zu mir kam, um mir in Chitrés Namen Lebewohl zu sagen, erzählte, in der literarischen Welt spreche jeder davon.

Du wirst einen endlosen Brief erhalten, den ich bei Zwischenlandung im spanischen Bilbao absenden werde (in drei oder vier Tagen) […].

Ich umarme Dich sehr zärtlich. Dies ist kein Abschiedsbrief: nur ein paar Zeilen vor Bilbao, um Dir meine ganze Zuneigung, liebste Maman, meine so tiefe Zuneigung, die Dir wohlbekannt ist, zu sagen.

Umarme Tante Müd und Großmama.

Umarme Didi,

Antoine

95.

[An Bord der Chargeurs réunis, 1929]

Liebste Maman,

recht friedliche Reise. Ich führe Scharaden mit kleinen Mädchen auf, verkleide mich, erfinde kleine Geschichten. Gestern spielten wir Blinde Kuh und Fangen. Ich komme mir vor, als wäre ich wieder fünfzehn.

Man braucht viel Phantasie, um sich klarzumachen, dass man auf einem Schiff ist. Kein Lärm, ein ölglattes Meer. Höchstens das Surren der riesigen Ventilatoren, die sich unaufhörlich auf dem Vorderdeck drehen.

Allmählich wird es heiß. Wir machen fünf Stunden in Dakar Station. Alte Erinnerungen. Mein Brief wird Dich in drei oder vier Tagen per Luftpost erreichen.
Liebste Maman, wie klein ist doch die Welt. In Dakar meine ich, noch in Frankreich zu sein. Vielleicht, weil ich jeden Fels, jeden Baum, jede Düne auf der großen Allee kenne, die von Toulouse nach dem Senegal führt. Kein Stein auf diesem Weg, den ich nicht wiedererkennen würde.
Wir sind eben in den Hafen von Dakar eingelaufen, und man übergibt mir Deinen Brief. Das rührt mich, und ich frage mich, wie Du auf diese gute Idee gekommen bist. Du bist eine erfinderische Mutter.
Noch fühle ich mich weder traurig noch fern, nicht einmal abwesend. Man kann nicht sagen, man wäre auf Reisen: keine Bewegung, kein Laut, und dazu die Scharaden im Salon vor den Müttern, die im Kreis herum sitzen! Das ist alles nicht sehr exotisch und auch keine Kolonialatmosphäre. Abgesehen vom heißen und schwülen Wind Dakars. Aber man könnte auch glauben, man wäre an so einem drückenden Tag in Saint-Maurice.
Fliegende Fische und Haie geben Vorstellungen während der Fahrt. Die kleinen Mädchen stoßen kleine Schreie aus. Dann führt man eine Scharade über einen Fisch auf oder porträtiert einen Hai.
Ich werde jetzt an Land gehen und diesen Brief zur Post bringen. Ich umarme Euch alle sehr zärtlich. Ich habe Euch alle ein wenig bei mir. Jetzt wirst Du in nicht allzu langer Zeit einen Brief aus Südamerika bekommen.

Liebste Maman, diese Erde ist winzig: Man ist nie sehr weit fort.
Ich umarme Euch alle, so wie ich Euch lieb habe,
Antoine

96.

Buenos Aires, Hotel Majestic,
25. Oktober 1929

Liebste Maman,

ich habe nun endlich erfahren, was ich tun soll… Ich bin zum Direktor der Aeroposta Argentina ernannt, einer Tochtergesellschaft der Compagnie Générale Aéropostale (mit Bezügen von etwa 225 000 Francs jährlich). Ich denke, Du wirst zufrieden sein; ich bin etwas traurig. Mein früheres Dasein gefiel mir gut.
Ich habe das Gefühl, dass ich dadurch altere. Ich werde allerdings noch fliegen, aber nur für Inspektionen und zur Erkundung neuer Flugrouten.
Erst heute Abend wurde ich über meine Bestimmung unterrichtet, und vorher wollte ich Dir nichts davon sagen. Ich bin auch in Zeitnot, denn die Post muss spätestens in einer halben Stunde im Kasten sein. Schreib mir an die Adresse, die auf meinem Brief steht (Hotel Majestic), und nicht an die Firma. Sobald ich eine Wohnung habe, schreib mir bitte dorthin.
Buenos Aires ist eine abscheuliche Stadt, ohne Charme, ohne Erholungsmöglichkeiten, ohne irgendwas.
Am Montag begebe ich mich ein paar Tage ins chilenische Santiago und Samstag nach Commodoro-Rivadavia in Patagonien.

Ich werde Dir morgen mit dem Schiff einen langen Brief schicken.

Ich umarme Euch alle, so wie ich Euch lieb habe,

Antoine

97.

[Buenos Aires,] 20. November 1929

Liebste Maman,

das Leben vergeht, schlicht und ruhig, wie es im Chanson heißt. Ich war diese Woche in Commodoro-Rivadavia in Patagonien und in Asunción in Paraguay. Hiervon abgesehen führe ich ein ruhiges Leben und verwalte umsichtig die Aeroposta Argentina.

Ich kann Dir nicht sagen, was für eine Freude mir meine Stellung Deinetwegen macht! Das ist doch ein schönes Entgelt für Deine Erziehung, findest Du nicht auch? Was hat man Dir nicht alles für Vorwürfe gemacht.

Das ist doch nicht übel, wenn man mit neunundzwanzig Jahren Direktor eines so großen Unternehmens ist, nicht wahr?

Ich habe eine kleine möblierte Wohnung genommen, die entzückend ist. Hier meine Adresse – <u>schreibe immer dorthin</u>: Monsieur de Saint-Exupéry, Galeria Goemes, Calle Florida, departemento 605, Buenos Aires.

Ich machte die Bekanntschaft reizender Leute, Freunde der Vilmorins (zwei Brüder sind übrigens in Südamerika). Ich werde bestimmt noch weitere finden, die Musik und Bücher lieben und mich etwas über die Sahara trösten können. Und auch über Buenos Aires, das eine andere Art von Wüste ist.

Liebste Maman, Du hast mir einen so liebevollen Brief geschrieben, dass ich noch ganz gerührt bin. Wie gern hätte ich Dich hier! Wird es vielleicht in einigen Monaten möglich sein? Aber Buenos Aires beunruhigt mich Deinetwegen, diese Stadt, in der man derart gefangen ist. Stell Dir vor, in Argentinien gibt es kein Landleben. Nichts. Man kommt nie aus der Stadt heraus. Außerhalb gibt es nur quadratische Felder, ohne Bäume, mit einer Baracke in der Mitte und einem eisernen Wasserrad.
Über Hunderte von Kilometern sieht man aus dem Flugzeug nichts anderes. Unmöglich, hier zu malen. Unmöglich, hier spazieren zu gehen.
Ich würde auch gern heiraten.
Und Monot? Könntest Du mir etwas von allen berichten, auch darüber, was man von meiner neuen Stellung sagt? Und von meinem Buch?
Ich umarme Euch alle, so wie ich Euch lieb habe,

Antoine

98.
Buenos Aires [1930]
Liebste Maman,
Du wirst nächste Woche telegrafisch siebentausend Francs erhalten, von denen fünftausend für die Rückzahlung an Marchand und zweitausend für Dich bestimmt sind. Und von Ende November an werde ich Dir monatlich dreitausend Francs anstelle der zweitausend schicken, von denen ich Dir sprach.
Ich habe lange nachgedacht. Ich möchte, dass Du den Winter in Rabat verbringst, um dort zu malen, denn das

ist ein reizender Ort und Du wirst Dich dort glücklich fühlen und kannst Dich mit zahlreichen interessanten Dingen beschäftigen.

Ich werde Dir die Reise bezahlen, und wenn Du dann noch dreitausend Francs monatlich bekommst, glaube ich, dass Du ganz angenehm leben kannst. Nur bin ich zu weit weg, um dort etwas für Dich zu suchen. Könntest Du nicht an die d'Auvenais oder an irgendwelche Bekannte schreiben, die Freunde in Rabat haben? Ich möchte nicht, dass Du Dich dort zu einsam fühlst, aber ich glaube, dass Du dort völlig glücklich sein wirst. Und es ist so hübsch. Und in zwei Monaten wird es voller Blumen sein.

Du könntest übrigens auch einen kleinen Abstecher nach Marrakesch machen, um dort zu malen, aber ich glaube, dass Rabat Dir gefallen wird.

Auf jeden Fall rate ich von Casablanca ab.

Dies ist ein recht düsteres Land. Aber ich reise viel herum. Neulich war ich im Süden, in Patagonien (bei den Ölquellen in Commodoro-Rivadavia), und dort fanden wir Tausende von Seehunden auf dem Strand. Und wir fingen einen jungen, den wir im Flugzeug mitnahmen. Denn der Süden ist hier die Kältezone. Der Südwind ist der kalte Wind. Je weiter man nach Süden kommt, umso mehr friert man. – Jetzt beginnt der Sommer in Buenos Aires, und es ist heiß. Liebste Maman, ich umarme Dich zärtlich,

Antoine

99.

Buenos Aires [1930]

Liebste Maman,

ich lese gerade *Staub*[118]; ich glaube, uns allen gefällt das, ebenso wie <u>Die standhafte Nymphe</u>[119], weil wir uns darin wiedererkennen. Auch wir bilden einen Klan. Und diese Welt aus Erinnerungen an Kinder, die ihre eigene Sprache und ihre Spiele erfanden, wird mir stets schmerzlich wahrer erscheinen als die andere.

Ich weiß nicht, weshalb ich heute Abend an das kalte Vestibül in Saint-Maurice denken muss. Nach dem Abendessen setzten wir uns auf die Truhen oder in die Ledersessel und warteten, bis es Zeit wurde, zu Bett zu gehen. Und die Onkel wanderten derweil im Flur auf und ab. Das Licht war spärlich, man hörte Bruchstücke ihrer Sätze, es war geheimnisvoll. Geheimnisvoll wie das Innere Afrikas. Dann setzte man sich im Salon zum Bridge, mit all seinen Geheimnissen. Wir gingen schlafen.

In Le Mans sangst Du zuweilen unten, wenn wir schon im Bett lagen. Das drang zu uns herauf wie der Widerhall eines ungeheuren Festes. So kam es mir vor. Der „gütigste", der friedlichste, der freundlichste Gegenstand, den ich jemals gekannt habe, war der kleine Ofen im oberen Zimmer in Saint-Maurice. Nie hat mich etwas so sehr über das Dasein beruhigt. Wenn ich nachts aufwachte, brummte er wie ein Kreisel und warf freundliche Schatten an die Wand. Ich weiß nicht, weshalb er

---
118 Roman von Rosamond Lehmann.
119 Roman von Margaret Kennedy.

mich an einen treuen Pudel erinnerte. Dieser kleine Ofen behütete uns vor allen Gefahren. Zuweilen kamst Du herauf, öffnetest die Tür und fandest uns umhegt von wohliger Wärme. Du hörtest ihn emsig brummen und gingst wieder hinunter.
Ich habe nie mehr solch einen Freund gehabt.
Was Unendlichkeit ist, lehrte mich nicht die Milchstraße, nicht die Fliegerei, nicht das Meer, sondern das zweite Bett in Deinem Zimmer. Es war ein wundervoller Glücksfall, krank zu sein. Jeder von uns sehnte sich danach, krank zu werden. Dieses Bett war ein Ozean ohne Grenzen, auf den die Grippe Anrecht verlieh. Auch da gab es einen Kamin voller Leben.
Was Ewigkeit ist, lehrte mich Mademoiselle Marguerite.[120]
Ich bin nicht ganz sicher, ob ich seit meiner Kindheit gelebt habe.
Jetzt schreibe ich ein Buch über den Nachtflug.[121] Aber seinem tieferen Sinn nach ist es ein Buch über die Nacht. (Ich lebte immer erst nach neun Uhr abends.)
Hier der Anfang; es sind meine ersten Erinnerungen an die Nacht:
„Wir träumten im Hausflur, wenn die Nacht anbrach. Wir lauerten auf den Vorbeizug der Lampen: man trug sie wie einen Arm voll Blumen, und eine jede bewegte Schatten an der Wand, – Schatten, die schön waren wie Palmen. Dann bog das Traumbild um die Ecke; dann

---

120 Antoines Kinderfrau, von der schon früher die Rede war.
121 Sein zweiter Roman *Nachtflug* erschien 1931 und wurde mit dem Prix Femina ausgezeichnet.

verschloss man diesen Strauß aus Licht und dunklen Palmen im Salon.
Alsbald war der Tag für uns zu Ende, und man brachte uns in unsere Kinderbetten, damit wir einem anderen Tag entgegen reisten.
Mutter, Du neigtest Dich über uns, über diesen Aufbruch der Engel, und damit die Reise friedlich sein sollte: damit nichts unsere Träume störte, entferntest Du hier eine Falte, dort einen Schatten, eine Woge aus dem Bettlaken...
Denn man glättet ein Bett wie, mit göttlicher Hand, das Meer."
Sodann ist die Rede von weniger behüteten Nachtdurchquerungen, vom Flugzeug.
Du kannst nicht recht ermessen, welch unendliche Dankbarkeit ich Dir gegenüber empfinde, und welch einen Vorrat an Erinnerungen Du mir schufst. Ich sehe so aus, als wäre ich ohne Gefühl. Ich glaube, dass ich mich ganz einfach schrecklich dagegen sträube.
Ich schreibe wenig, dafür kann ich nichts. Die Hälfte der Zeit bin ich stumm. Das war schon [...] immer stärker als ich.
Ich habe einen schönen Flug hinter mir, 2500 Kilometer an einem Tag. Das war auf der Rückkehr vom tiefsten Süden, wo die Sonne um zehn Uhr abends untergeht, in der Nähe der Magellanstraße. Alles ist grün dort: Städte auf Wiesen. Seltsame Städtchen aus Wellblech. Und Leute, die – weil sie so sehr frieren und sich daher um die Feuerstellen scharen – ungemein sympathisch geworden sind.

Die Sonne färbte aufs Meer ab. Das war hinreißend.
Diesen Monat schicke ich Dir 3000 Francs. Ich denke,
das wird so recht sein. Du wirst sie um den 10. oder 15.
erhalten. Ich schickte Dir bereits 10 000 insgesamt (das
macht dann 13 000). Aber ich weiß überhaupt nicht, ob
Du sie erhalten hast und ob Du Dich gefreut hast. Das
hätte ich gern erfahren.

Ich umarme Dich so zärtlich,
Antoine

100. [Buenos Aires, 25. Juli 1930]

Liebste Maman,

[...] mir geht es nicht schlecht. Ich beginne, einen großen Film auszuarbeiten, den ich hoffentlich eines Tages werde drehen können.[122] Einstweilen habe ich einen kleinen Filmapparat gekauft, um Dir ein paar Erinnerungen beider Amerikas mitbringen zu können.
Kürzlich war ich in Chile, in Santiago, wo ich französische Freunde wiederfand. Was für ein schönes Land, und wie großartig sind die Anden! Ich befand mich dort in 6500 Meter Höhe, als ein Schneesturm aufkam. Alle Felsenspitzen spien Schnee als seien sie Vulkane, und mir war, als begänne das ganze Gebirge zu brodeln. Ein schönes Gebirge mit Gipfeln von 7200 Metern Höhe (armer Mont Blanc!), bei zweihundert Kilometer Breite. Bestimmt ist es ebenso unzugänglich wie eine Festung, zumindest diesen Winter (leider Gottes haben wir im-

---

122 Es handelt sich um den Film *Anne-Marie*, an dessen Drehbuch er arbeitete.

mer noch Winter), und darüber im Flugzeug – ein Gefühl traumhafter Einsamkeit.
Ich habe hier nach und nach reizende Freunde gefunden. Aber es stimmt zuweilen melancholisch, immer so weit fort zu sein. Und doch brächte ich's so schwer fertig, in Frankreich zu leben …
Schreib mir per Luftpost, liebste Maman, ich weiß nichts von Euch allen.
Ich umarme Dich zärtlich,
Antoine

101. [Buenos Aires, 1930]

Liebste Maman,

es betrübt mich sehr, Dir Kummer bereitet zu haben. Doch ich hatte auch welchen. Weißt Du, ich hatte mich ein wenig daran gewöhnt, mich als Beschützer von Euch allen zu fühlen. Ich wollte Dir beistehen, später auch Simone, und bei jeder Heimkehr eine vollständige Familie vorfinden. […]
Wenn ich hinsichtlich meiner Bedeutung innerhalb der Familie ein wenig desillusioniert bin, beeinträchtigt das doch keinesfalls meine Liebe zu Euch allen.
Sie ist sehr stark und verursacht mir manch melancholische Stunde, und ich kann gar nicht an mein Fleckchen Heimat denken, ohne dass mich der Heißhunger befällt, auch dort zu sein. Und ohne inmitten dieser Menschenmengen die Fäuste zu ballen, wenn ich nur an den Duft der Linden in Saint-Maurice, den Duft der Wäscheschränke, an Deine Stimme, an die Öllampen in Agay

denke. Und an all das, was ich entdecke und das immer deutlicher zu meiner Existenzgrundlage wird. Vielleicht lohnt es sich ja gar nicht, um des Geldes willen ein so großes Opfer zu bringen. Und wenn ich bedenke, dass Monot diesem Trugbild nachjagt, und mit viel weniger Trost aus ihrem Metier und Brotberuf, dann empfinde ich eine Art Bitterkeit. Rückkehr möglich, vorläufiges Praktikum, all das ist Unsinn. Sie wird sehen, wie gefangen man ist. Wenn auch nur gefangen in den eigenen Gewohnheiten und Bedürfnissen. Und dass das Leben ein Räderwerk ist. Und vor allem, das fremde Land nimmt einen für immer gefangen.

Vergiss nicht, alles, was man tut, ist endgültig. Überlasst das Wolkenkuckucksheim voller Annehmlichkeiten und Erfahrungen den Milliardären. Wenn man nach Indochina geht, tut man das, um dort zu bleiben, selbst wenn man vor Verzweiflung krepiert. Und das lässt sich nicht kurieren durch einen Frankreich-Urlaub, irgendwann. Ist der zu Ende, geht man wieder fort: Das ist das Schlimmste, was Du ihr antun kannst. Denn man geht nicht, weil irgendetwas Süßes, das man entbehrt, einen verlockt, sondern wegen der starken Anziehungskraft von oft sehr bitteren Stunden. Das Leben nimmt diesen abschüssigen Verlauf. Man geht wieder fort, als sei es völlig natürlich.

Ich hatte Dich nach hier kommen lassen wollen, doch dann hatte ich gegen so vielerlei anzukämpfen und war nicht einmal mehr sicher, hier sein zu können, um Dich in Empfang zu nehmen. Vielleicht finde ich in Zukunft etwas mehr Ruhe. Dann musst Du kommen.

Ich schreibe wenig, habe keine Zeit, aber das so langsam entstehende Buch dürfte ein schönes Buch werden.
Ich umarme Dich, Maman. Und sei gewiss, dass von allen Zärtlichkeiten die Deine mir die kostbarste ist und dass man in schweren Minuten immer wieder in Deinen Armen Zuflucht sucht. Und dass man Dich oft braucht, wie ein kleines Kind. Und dass Du ein unversiegbarer Quell des Friedens bist, und dass Dein Bild Zuversicht schenkt, genau wie damals, als Du Deine noch ganz Kleinen mit Milch versorgtest.
Ich denke an meine Truhe in Saint-Maurice und an meine Lindenbäume. Und all meinen Freunden schildere ich die Spiele unserer Kindheit, den Ritter Aklin an Regentagen, oder die Hexe, dieses verlorene Märchen. Es ist ein eigenartiges Exil, von der Kindheit abgetrennt zu sein.

    Ich umarme Dich nochmals.
        Antoine

102.

        Toulouse [1932]

Liebste Maman,

ich danke Dir, dass Du meine geliebte Frau so gut gepflegt hast.[123] Das war mir klar, bei Deiner Zärtlichkeit. Ich wäre Euch gerne besuchen und sie abholen gekommen, aber ich habe so wenig Geld, dass es unvernünftig wäre: Ich werde ihr telegrafieren, dass sie nach hier kommen möge.

---
123   1931 hatte Antoine in Agay Consuelo Suncin geheiratet, die er in Buenos Aires kennengelernt hatte.

Wir werden vermutlich für zwei Monate nach Casablanca ziehen. Ihrer Gesundheit wegen habe ich vorerst für Marokko optiert. Dort wird sie glücklich sein. Zwischenzeitlich hoffe ich als Postflieger nach Toulouse kommen zu können und werde die Gelegenheit nutzen – wenn meine Situation sich verbessert – Dich zu besuchen.

Ich lasse Dich nicht ganz allein, Didi wird ja da sein; sie hat mir noch nicht für mein Buch gedankt, was nicht nett von ihr ist. Hattest Du es ihr nachgeschickt? Hab Erbarmen und sag mir, was die, die es gelesen haben, davon halten: Ich habe keinerlei Nachricht.

Liebste Maman, ich verlasse Dich jetzt. Ich starte um 4 Uhr früh mit der Postmaschine. Und muss jetzt schlafen! Ich umarme Dich so, wie ich Dich liebe: viel mehr, als Du denkst.

Antoine

103. Kairo, 3. Januar 1936[124]

Liebste Maman,

ich habe geweint, als ich Deine Zeilen las, die für mich von besonderer Bedeutung waren, denn in der Wüste hatte ich nach Dir gerufen. Ich war in großem Zorn entbrannt wegen der Trennung von allen Menschen, wegen der Stille, und da rief ich nach meiner Maman. Es ist

---

124 Mit einer Caudron-Simoun und mit dem Mechaniker Prévot an Bord versuchte Antoine, direkt von Paris nach Saigon zu fliegen. Am 29. Dezember 1935, vier Stunden nach seinem Start in Bengasi, stürzte er in der Libyschen Wüste ab. Erst am Abend des 1. Januar 1936 wurde er aufgefunden.

schrecklich, wenn man jemanden zurücklässt, der einen braucht wie Consuelo. Man sehnt sich gewaltig danach heimzukommen, um zu behüten und Schutz zu gewähren, und man reißt sich die Nägel aus an diesem Sand, der einen hindert, seine Pflicht zu tun, und man möchte Berge versetzen. Dich aber brauchte ich; es war an Dir, mich zu behüten und mir Schutz zu gewähren, und ich rief nach Dir egoistisch fordernd wie ein Zicklein.

Ein wenig Consuelo zuliebe bin ich heimgekommen, aber durch Dich, Maman, kommt man heim. Du, die Du so schwach bist, wusstest Du, dass Du ein so starker und weiser Schutzengel bist und so voller Gnaden, dass man zu Dir betet, allein, bei Nacht?

…

Antoine

104. [Orconte, Dezember 1939][125]

Liebste Maman,

ich wohne in einem recht behaglichen Bauernhof. Es gibt dort drei Kinder, zwei Großväter, Tanten und Onkel. Man unterhält ein mächtiges Holzfeuer, an dem ich mich auftaue, wenn ich aus der Maschine klettere. Denn wir fliegen hier in zehntausend Meter Höhe bei – fünfzig Grad Kälte! Aber wir sind so vermummt (30 Kilo Kleidung!), dass wir nicht allzu sehr darunter leiden.

Ein komischer Krieg, zum Stillstand gekommen! Wir tun ja noch etwas, aber die Infanterie! Pierre[126] soll un-

---

125 Antoine wurde der Aufklärungsstaffel 2/33 zugeteilt, die damals in Orconte (Marne) ihr Quartier hatte.
126 Pierre d'Agay.

bedingt seine Weinberge bestellen und seine Kühe pflegen! Das ist weit wichtiger, als wenn er Schrankenwärter wäre oder Korporal in einem Depot. Ich habe den Eindruck, dass man noch viele entlassen wird, damit sich die Industrie wieder erholen kann. Es ist völlig sinnlos, an Erstickung zu Grunde zu gehen.

Sage Didi, sie soll mir von Zeit zu Zeit ein paar Zeilen schreiben. Ich hoffe, Euch alle in etwa vierzehn Tagen zu sehen. Darüber wäre ich wirklich glücklich!

 Dein
  Antoine

105. [Orconte, 1940]

Liebste Maman,

ich habe Dir zwar geschrieben, aber ich bin recht betrübt darüber, dass meine Briefe verloren gegangen sind. Ich war ziemlich krank (starkes Fieber ohne deutlich ersichtlichen Grund), aber das ist vorbei, und jetzt bin ich wieder bei meiner Gruppe. Du musst mir nicht böse sein wegen eines Schweigens, das kein richtiges Schweigen war, da ich Dir ja schrieb und da ich unglücklich war über mein Kranksein. Und, wenn Du wüsstest, wie zärtlich ich Dich liebe, wie ich Dich in meinem Herzen trage, und wie ich Deinetwegen in Sorge bin, geliebte Maman. Ich möchte zuerst und vor allem, dass die Meinen in Frieden leben.

Maman, je länger das dauert, – der Krieg und die Gefahren und die Bedrohung der Zukunft – umso mehr sorge ich mich um diejenigen, die mir anvertraut sind.

Die arme kleine Consuelo, die so verlassen ist, erregt mein grenzenloses Mitleid. Sollte sie sich eines Tages in den Süden flüchten, so nimm sie auf, Maman, wie Deine Tochter, tu es mir zuliebe.
Liebste Maman, Dein Brief hat mir solchen Kummer gemacht, weil er voller Vorwürfe war und ich von Dir nur unendlich zärtliche Botschaften erhalten möchte.
Benötigt ihr irgendetwas, Ihr alle miteinander? Was immer in meiner Macht steht, möchte ich für Euch tun.
Ich umarme Dich, Maman, so wie ich dich liebe, unendlich,
          Dein
               Antoine

106.   [Orconte, 1940]
Liebste Maman,

ich schreibe auf dem Schoß, in Erwartung eines angekündigten Bombenangriffs, der nicht kommt. Ich denke an Dich.
Vermutlich, nein, ganz gewiss ist mir nichts teurer auf der Welt als Didi, ihre Kinder und Du. Und zittern tue ich vermutlich immer nur um Dich.
Diese ewige italienische Drohung schmerzt mich, weil sie Dich in Gefahr bringt. Ich habe solchen Kummer. Ich habe Deine Zärtlichkeit unendlich nötig, liebste, geliebte Maman. Weshalb muss denn alles, was ich auf dieser Erde liebe, bedroht sein?
Mehr als der Krieg erschreckt mich die Welt von morgen. All diese zerstörten Dörfer, diese auseinandergeris-

senen Familien. Der Tod, das ist mir gleich, aber ich möchte nicht, dass eine geistige Gemeinschaft angetastet wird. Ich möchte uns alle wieder vereint um einen weiß gedeckten Tisch sehen.

Ich erzähle Dir nicht viel von meinem Leben, es gibt nicht viel zu berichten: gefährlicher Auftrag, Essen, Schlaf. Ich bin schrecklich „unbefriedigt", man braucht andere Übungen für das Herz. Ich bin schrecklich unfroh über das, was meine Epoche für vorrangig hält. Die bejahte und bestandene Gefahr genügt nicht, um in mir mein irgendwie belastetes Gewissen zu beruhigen.

Die Seele ist's, die heute erschreckend verödet ist. Man kommt um vor Durst.

Ich könnte schreiben, Zeit dazu habe ich, aber das Buch ist noch nicht gereift in mir. Ein Buch, das „den Durst stillen" könnte.

Auf Wiedersehen, liebste Maman, ich umarme Dich mit aller Kraft!

       Dein

           Antoine

107.   Bordeaux, Juni 1940[127]

Meine geliebte, liebste Maman,

wir starten nach Algier. Ich umarme Dich, wie ich Dich lieb habe. Erwarte keine Briefe, das wird unmöglich sein, aber wisse von meiner Zärtlichkeit.

           Antoine

---

127 Am 20. Juni 1940 brachte er in einem unfertigen viermotorigen Farman Flugpersonal und Material aus Bordeaux nach Nordafrika.

108.
[Algier, Juni 1940]
Liebe Simone,

General Matais hat sich bereit erklärt, meinen Brief mitzunehmen. Ich lebe noch, obwohl meine Fliegergruppe, die 2/33, schon zwei Drittel ihrer Mannschaft eingebüßt hat. Seit gestern sind wir in Algier, von wo aus wir, ich weiß noch nicht wohin, starten werden. Maman, Didi und den Kindern, mit denen ich vor drei Tagen vor meiner Abreise noch telefonieren konnte, ging es sehr gut. Ich hoffe, dass Dir nichts Schreckliches widerfährt und der Tag kommen wird, der uns alle wieder vereint.
Das Gespräch mit Dir heute Abend fällt mir schwer, weil ich zu melancholisch bin. Aber ich wollte Dir doch ein Lebenszeichen zukommen lassen und Dir meine zärtliche Liebe beteuern, die so manche kleine Meinungsverschiedenheit in den Schatten verweist.

109.
[La Marsa, 1943][128]
Liebste Maman,

ich erfahre in diesem Augenblick, dass eine Maschine nach Frankreich abgeht. Die erste und die einzige. Ich muss Dich also ganz schnell und ganz fest umarmen, ebenso Didi und ihren Pierre. Vermutlich werde ich Dich bald wiedersehn.
        Dein

Antoine

---

128 Antoine war Hauptmann in einer Luftwaffeneinheit der 78. amerikanischen Armee, die ihre Basis in La Marsa bei Tunis hatte. Dieser Brief erreichte Madame de Saint-Exupéry auf illegalem Wege.

110. 1943[129]

Geliebte Maman, Didi, Pierre, Ihr alle, die ich so liebe, aus tiefstem Herzen, wie steht es bei Euch, wie geht es Euch, wie lebt Ihr, wie denkt Ihr? Er ist so unendlich traurig, dieser lange Winter.
Und doch hoffe ich so sehr, dass Du mich in einigen Monaten vor Deinem Kaminfeuer in die Arme schließen kannst, liebste Maman, meine alte Maman, meine zärtliche Maman; damit ich Dir alles sagen kann, was ich denke, alles mit Dir bereden kann, wobei ich Dir so wenig wie möglich widerspreche …, Dir zuhören kann, wenn Du zu mir sprichst, die Du immer recht hattest in allem, was das Leben betrifft …
Liebste Maman, ich hab Dich lieb.

Antoine

111. [Borgo, Juli 1944][130]

Liebste Maman,

ich möchte so gern, dass Du über mich beruhigt wirst und diesen Brief erhältst. Es geht mir sehr gut. In jeder Hinsicht. Aber ich bin so unendlich traurig, weil ich Dich so lange nicht wiedergesehen habe. Und ich bin um

---

129 Dieser Brief erreichte Madame de Saint-Exupéry durch einen der Anführer der elsässischen Résistance namens Dungler, der im Januar 1944 von den Amerikanern über Clermont-Ferrand mit dem Fallschirm abgesetzt wurde.
130 Antoine, der auf sein Bitten hin wieder der Staffel 2/33 zugeteilt wurde, schrieb vom Flugplatz Borgo bei Bastia in Korsika. Am 25. Juni war er zum Major befördert worden. Dieser Brief, der letzte, den er seiner Mutter sandte, erreichte sie erst im Juli 1945, ein Jahr nach dem Flug, von dem er nicht wieder zurückkehrte.

Dich besorgt, meine alte, geliebte, liebste Maman. Was für elende Zeiten.

Es schnitt mir ins Herz, dass Didi ihr Heim verloren hat.[131] Ach, Maman, wie gern würde ich ihr helfen! Aber für die Zukunft soll sie unbedingt auf mich rechnen. Wann wird es möglich sein, den Menschen, die man liebt, zu sagen, dass man sie liebt?

Maman, umarme mich, so wie ich Dich umarme, aus tiefstem Herzen,

Antoine

---

131 Im Mai 1944 war das Château d'Agay von den deutschen Truppen gesprengt worden.